La región centroriental: una aproximación a su historia colonial

La región centroriental: una aproximación a su historia colonial

Luis R. Burset Flores

© Luis R. Burset Flores
Editorial Luscinia C.E.
San Juan, Puerto Rico
2016

@ lusciniace@gmail.com
https://www.facebook.com/luscinia.ce

Edición de texto: Luz Nereida Lebrón Delgado

Diseño de portada: José Orlando Sued

ISBN: 978-1-944352-08-0

Prohibida la reproducción parcial o total de esta obra, tanto en formato impreso como digital, sin el consentimiento escrito del autor.

La Región Centroriental: Una Aproximación a su Historia Colonial

Introducción 7
I. La conquista española en la región.. 11
II. Actividad económica colonial 15
III. Tierra de hatos 25
IV. Esclavos en la región 33
V. La región y el contrabando 47
VI. La población 55
VII. Distancias y caminos 63
VIII. Jurisdicciones: ¿Caguas, Barrero, Humacao o Las Piedras?.... 67
IX. Las ermitas del Partido de Caguas y las cofradías 77
X. Capellanías rurales 99
XI. Alcaldes de la Santa Hermandad 109
Bibliografía 117

INTRODUCCIÓN

Llamamos zona centroriental a ese hermoso pedazo de tierra puertorriqueña que, con Aguas Buenas a sus espaldas, corre desde el valle de Caguas hacia el sureste, llegando a la boca del río Humacao, con Vieques frente a sí. Topográficamente pertenece a la provincia geomórfica del Interior Montañoso Central. Esta no sólo está ocupada por montañas, como sugiere su nombre, sino que incluye varios valles y llanuras. Entre ellos se encuentran la llanura interior de Caguas, formada por el río Loíza y sus afluentes, que crea un corredor que va desde el pueblo de Caguas hacia el este hasta Juncos, y los valles costeros del Este, que ocupan desde Ceiba hasta Yabucoa. [1]

Desde la perspectiva geopolítica prehispánica, el arqueólogo Miguel Rodríguez López propone una asociación entre los ríos Gurabo y Humacao con la costa este de la isla. Aludiendo a una posible relación paralela entre este eje y el formado por los ríos Culebrinas y Grande de Añasco, el valle del Otuao y la costa oeste, propone "una interacción espacial directa entre ambos valles centrales y las respectivas costas oeste y este". [2] Es decir, que a pesar de las divisiones políticas que hoy conocemos, aun en tiempos prehispánicos, la región centroriental ha constituido un mismo espacio para sus habitantes.

Según la definimos, los municipios que ocupan esta región son Aguas Buenas en el extremo noroeste de su demarcación propuesta, corriendo hacia el sureste para encontrarse con Caguas, Gurabo, Juncos, Las Piedras. Estos pueblos comprendían el partido cuyo nombre fue indistintamente de Caguas, Las Piedras o de Buenavista hasta el siglo XVIII. Por la dinámica demográfica que existió en la región, a la definición topográfica debemos añadir a los municipios de Naguabo, Yabucoa y Humacao, que fueron el desahogo de las granjerías de la región y el punto de entrada de bienes para sus residentes. Aunque queda separado por el mar, debemos sumar a esta región a la isla de Vieques por su dinámica de comercio irregular y defensa con Humacao, siendo la coyuntura con las Antillas Menores.

---

[1] Francisco Scarano. *Puerto Rico, cinco siglos de historia* (México: McGraw Hill, 2000), 13–15. Loida Figueroa. *Breve historia de Puerto Rico, Vol. 1* (Río Piedras: Editorial Edil, 1979), 19.

[2] Miguel Rodríguez López. *Crónicas taínas (cuatro ensayos de lucha e identidad)* (San Juan: Editorial Nuevo Mundo, 2010), 84.

La historia colonial de la región centroriental está aun por descubrirse. Por los últimos 70 años ha estado velada por un tupido mito de fundación que ha echado hondas raíces en la historiografía de la región. [3] Javier Rico Moreno afirma que "la frontera que separa a la historiografía de la literatura de ficción es apenas la delgada pero indeleble línea que forman la referencialidad secundaria... y la pretención de verdad que acompañan a la primera...". [4] Esto hace imperativo utilizar fuentes primarias en la medida que estén disponibles, y complementarlas puntualmente con publicaciones sobre la región, para reconstruir su pasado basado en hechos constatables, no en posibilidades.

A grandes rasgos, este territorio albergó estancias y haciendas de azúcar, que dieron paso eventualmente a los hatos ganaderos los cuales se entronizaron por varios siglos. Sobre aquéllas, en su visita a la Isla en 1534, Alonso Enríquez de Guzmán recogió en su escrito descriptivo las muchas y buenas casas de campo, donde "tienen sus haciendas que llaman estancias". [5] Junto al contrabando, estas granjerías constituyeron la economía de la región centroriental por casi cuatro siglos.

Cuando pensemos en la historia de esta región, hay que tomar en consideración la advertencia que nos hace Arturo Morales Carrión sobre la existencia de dos sociedades diferenciadas en Puerto Rico. Ésta estaba representada, por un lado, por la sociedad sanjuanera, "extremadamente agrupada, rodeada por murallas e imponentes fortalezas". Por el otro, el resto de la población "prácticamente desamparado, recibiendo poco

---

[3] Aunque lo hemos desmentido a través de investigación en fuentes primarias, retando cada uno de los elementos del mito – Mateo Delgado, Sebastián Delgado, y las ermitas del Dulce Nombre de Jesús y del Barrero – todavía sobrevive la idea del Hato Grande de los Delgado en la historiografía y en los estudios de los barrios. El mito fue creado por Generoso Morales Muñoz con la publicación de su obra *Orígenes históricos de San Miguel de Hato Grande* (Río Piedras: Taller de la Imprenta Venezuela, 1942). Con motivo del bicentenario de la fundación de Caguas, Oscar Bunker Aponte publicó *Historia de Caguas*, donde se cita profusamente a Morales Muñoz, aunque con condiciones. En el año 2000, Raquel Rosario Rivera realizó la primera historia profesional del municipio, validando el mito a pesar de carecer de documentación para ello. Para un análisis detallado de este mito y su deconstrucción, basado en evidencia documental, el lector puede referirse a nuestra tesis de maestría: "El Hato Grande de los Delgado: rectificación del mito de origen de Caguas, 1625–1819".

[4] Javier Rico Moreno. "La historiografía como crítica. Apuntes para una teoría de la historiografía." *Historia y Sociedad.* Año XIII (2001-2002), 147.

[5] Manuel Álvarez Nazario. "El relato de Alonso Enríquez de Guzmán, el 'Caballero Desbaratado', sobre su visita a Puerto Rico en 1534". *Revista del Instituto de Cultura Puertorriqueña.* Núm. 6 (enero–marzo 1960): 11–14.

estímulo sus ocupaciones productivas y teóricamente viviendo dentro del estrecho sistema dictado por el exclusivismo real".

Se refiere al segundo grupo como "sociedad pionera de los litorales y el interior que comerciaba libremente con los intrusos". Nos advierte que "la vieja dicotomía social …se intensificó todavía más debido a la presión ejercida por la lucha armada en el Caribe". [6] Al leer estas palabras, debemos mantener presente que la costa este fue frente de guerra en las agresiones de las potencias europeas enemigas de España. Esta misma dualidad existió en La Española. Sobre la gente de "la tierra adentro", el presidente de la Real Audiencia de Santo Domingo se refirió con las siguientes palabras de desprecio: [son] "hombres baldíos sin oficios y que no sirven y andan baldíos por los... lugares de esta isla… gente perdida…". [7]

Los hatos y su haterocracia retuvieron el poder a nivel regional hasta el mismo siglo XIX, cuando fueron reemplazados por los planes de explotación comercial del gobierno ilustrado de los Borbones, acompañados de una batería de ministros peninsulares. Estos desplazaron a los criollos de los cabildos de la región, quienes perdieron acceso a ellos hasta el siglo XX. En su estudio sobre el impacto en Puerto Rico de las revoluciones atlánticas, Raúl Navarro asocia la llegada masiva de inmigrantes con la formación de una personalidad jurídica en varios municipios, incluyendo a Caguas, que desplazó a los intereses de los hateros. [8]

A manera de cierre, queremos hacer una observación sobre estos ensayos. Enrique Moradiellos ha advertido que "la concepción del pasado que ofrece la investigación histórico–científica… pretende ser verdadera y no ficticia ni arbitraria ni caprichosa; verificable materialmente y no incomprobable; causalista e inmanente al propio campo de las acciones humanas y no fruto del azar o de fuerzas inefables e insondeables; racionalista y no ajena a toda lógica; crítica y no dogmática". [9]

---

[6] Arturo Morales Carrión. *Puerto Rico y la lucha por la hegemonía en el Caribe. Colonialismo y contrabando, siglos XVI–XVIII* (San Juan: Centro de Investigaciones Históricas y Editorial de la Universidad de Puerto Rico, 1995), 95–96.

[7] *Carta de Antonio Osorio, presidente de la Audiencia de Santo Domingo.* 12 oct 1606. Archivo General de Indias (en adelante, AGI), Real Audiencia de Santo Domingo (en adelante, SD) 52, Ramo (en adelante, R.) 6, Número (en adelante, N.) 73, folio (en adelante, f.) 4.

[8] Jesús Raúl Navarro García, *Puerto Rico a la sombra de la independencia continental, 1815–1840* (Sevilla–San Juan: Consejo Superior de Investigaciones Científicas y Centro de Estudios Avanzados de Puerto Rico y el Caribe, 1999), 25.

[9] Enrique Moradiellos. *Las caras de Clío. Una introducción a la historia* (Madrid, Siglo XXI Editores, 2009), 4.

En vista de que la historia de la región ha estado cubierta por el fuerte velo del mito – expresión que hemos utilizado anteriormente – hemos privilegiado a la información documental, sin añadir ni quitarle a través de análisis históricos. Queremos descubrir los datos, y como dirían los positivistas, dejar que los documentos hablen. Estamos confiados en que podemos defender esta decisión.

LA CONQUISTA ESPAÑOLA EN LA REGIÓN

La presencia aborigen en la región está evidenciada más allá de toda duda a través de numerosos estudios arqueológicos. Solamente en el actual municipio de Caguas se han identificado veintiún sitios arqueológicos con cronologías que cubren desde el año 600 hasta el 1500 d.C. [10] Basado en ello, Rodríguez López estima que "[p]or las características del medioambiente, así como por la información arqueológica y del estudio de la toponimia, el cacicazgo de Caguas pudo haber incluido todo o parte de los actuales municipios de Caguas, Gurabo, Aguas Buenas y San Lorenzo, así como zonas aledañas. Su centro político y poblacional debe haber sido el extenso asentamiento que hoy llamamos Cagüitas...". [11]

La guerra parece haber sido una constante en la historia colonial de la región. Desde sus primeros años está relacionada con las batallas que llevaron los castellanos contra los aborígenes de la Isla, particularmente en Naguabo (el Daguao), Humacao y la isla de Vieques. Brau menciona que en los dos primeros "campeaban libremente dos caciques, apoyados por otro caudillo que dominaba en la sierra donde nace el río de Luquillo". Atribuye esta libertad a la ausencia de poblaciones españolas y a la comunicación de los indígenas con sus vecinos de Santa Cruz. [12]

Ya en 1510 varios caciques habían sido reducidos e integrados a la Hacienda del Rey en el Toa, considerado por algunos como un laboratorio, o la primera "estación agrícola experimental", donde se probaban los cultivos que serían utilizados para la alimentación en la Isla. Ricardo Alegría sostiene que entre los caciques que fueron encomendados a la Hacienda del Rey se encontraba Caguas, además de la cacica Luisa y los caciques Canóbana y Aramaná. [13]

---

[10] *Sitios arqueológicos de Caguas*. Oficina Estatal de Conservación Histórica. Oficina del Gobernador.
http://www2.pr.gov/oech/oech/Documents/ActualizacionDatosMunicipales/Munic ipios/Informaci%C3%B3n%20Arqueol%C3%B3gica%20del%20Municipio%20de% 20Caguas.pdf. Capturado el 30 de junio de 2015.

[11] Miguel Rodríguez López. *Crónicas taínas (cuatro ensayos de lucha e identidad)* (San Juan: Editorial Nuevo Mundo, 2010), 56.

[12] Salvador Brau. *La colonización de Puerto Rico* (San Juan: Instituto de Cultura Puertorriqueña, 2011), 257.

[13] Ricardo Alegría. "Apuntes sobre la 'experiencia' que se hizo en la Hacienda del Rey en la rivera del Toa para determinar si los indios Taínos de Puerto Rico podrían vivir

El Daguao y Humacao fueron escenarios de batallas entre el capitán Cristóbal de Mendoza y los caciques taínos. El 10 de junio de 1512 Álvaro de Saavedra realizó una cabalgada contra los indios en las tierras del cacique Humacao. Sued Badillo señala que todavía para 1515, "la región no había sido apaciguada del todo". [14] Una vez sometidos, los indios fueron utilizados para diferentes propósitos productivos. Además del Toa, en 1513 se puso la renta de las salinas en 1,200 pesos de oro por tres años, condicionados con 50 indios, que incluian a los del cacique Humacao, señalándonos que para ese año ya este habría sido sometido. [15]

Como resultado de estas guerras, varios indígenas fueron hechos presos y esclavizados, incluyendo el cacique Jumacao. La relación de esclavos vendidos en subasta el 11 de diciembre de 1515, "que vinieron de la isla de los Caribes en la armada del adelantado Juan Ponce de León", incluye dos indias del cacique Humacao, una calificada como vieja. En la relación de los indios esclavos que en 1516 fueron herrados a las personas que los sacaron en subasta, aparecen Ana Taguas (que debe ser Caguas), del cacique Humacao, que había sido herrada a García Vélez, e Inesica Caguama, del cacique Caguas, herrada a Pedro Ramos. [16] En 1526 se emitió una Real Cédula al gobernador y oficiales reales de Puerto Rico para que dieran la libertad al cacique Juan de Humacao, según la orden dada en la Real Audiencia de Santo Domingo, sin quedar bajo tutela de nadie. Juan Cerón lo había hecho esclavo "de hecho y le herró como tal". [17]

Sobre el Daguao como frente de batalla, Ricardo Alegría subraya que

> La región del Daguao en la costa noreste era uno de los puertos de entrada que con más frecuencia utilizaban los caribes para sus invasiones a la Isla. Debido a la fecundidad de sus tierras y al hecho de que estaba cerca de las minas de oro de Luquillo, los

---

libremente". *La Revista del Centro de Estudios Avanzados de Puerto Rico y el Caribe*. Núm. 10 (enero–junio 1990), 125. También en Aurelio Tanodi, transcripción y compilación. *Documentos de la Real Hacienda de Puerto Rico*. *Vol. I* (Río Piedras: Centro de Investigaciones Históricas de la Universidad de Puerto Rico, 1971), 124–125.

[14] Jalil Sued Badillo. *El Dorado borincano. La economía de la conquista. 1510-1550* (San Juan: Ediciones Puerto, 2001), 65.

[15] Aurelio Tanodi, compilador. *Documentos de la Real Hacienda de Puerto Rico. Vol. II, 1510–1545* (Río Piedras: Centro de Investigaciones Históricas de la Universidad de Puerto Rico, 2009), 39, 546.

[16] *Ibid*, 556, 558.

[17] *Libertad al cacique Juan de Humacao*. 26 nov 1526. AGI, Indiferente General (en adelante, IND) 421, Libro (en adelante, L) 11, fs. 349v-350

colonizadores no se habían resignado a abandonarla. Éste era el caso de Cristóbal de Guzmán, prominente colonizador quien poseía una gran hacienda en el Daguao, desde donde también explotaba las minas cercanas. [18]

Entre 1518 y 1520 se vivieron dos realidades paralelas en torno a la relación con los indígenas. Moscoso reporta la distribución de cacona entre "Caguas y sus naborias"; cacona era la forma en que los indios llamaban al pago por su trabajo que se realizaba en vestuario. [19] Sin embargo, a pesar de la dominación y esclavización de los taínos, la costa este de la región se mantuvo como frente de batalla hasta pasada la llamada pacificación de los indios. En 1520 se reportó el ataque de canoas con 150 caribes que cayeron sobre las estancias en el río de Humacao, matando cuatro españoles y trece indios; de allí pasaron a unas minas cercanas, donde mataron a más personas. [20]

La tensión y las agresiones indígenas se mantendrían durante la primera mitad del siglo. En su probanza realizada en 1546, Francisco Juancho hizo referencia a las "conquistas y guerras que hubo en esta dicha isla desde el río de Santiago hasta el Rincón de Fajardo y en el Humacao, así con los indios naturales antes que fuesen pacíficos, como con indios caribes, que a esta isla vinieron a la destruir y robar…". También reporta haciendas desde Humacao hasta Guayama, a la que se refiere como Banda Sur. Identifica a Vieques como punto de paso para los caribes en sus agresiones a la Isla. [21] Varios testimonios presentados por Francisco Alegre, cuando el

---

[18] Ricardo E. Alegría. "El ataque de los indios caribes al Daguao (1530). La captura y muerte de Cristóbal de Guzmán y la expedición punitiva contra la isla Dominica (1534)". *La Revista del Centro de Estudios Avanzados de Puerto Rico y el Caribe*. Núm. 5 (julio–diciembre 1987): 24–31.

[19] Francisco Moscoso. *Taínos de Caguas* (Caguas: Museo de Caguas, Departamento de Desarrollo Cultural, Gobierno Municipal Autónomo de Caguas, 2006), 5–7. Esta distribución de cacona se encuentra en *Documentos de la Real Hacienda de Puerto Rico*, Vol. I, 124 en adelante, ya citado.

[20] *Baltasar de Castro: Desembarco de los indios caribes.* 16 nov 1520. AGI, Patronato (en adelante, PAT) 176, R.6, f.1. También, *Documentos históricos de Puerto Rico, Vol. II: 1517–1527* (San Juan: Centro de Estudios Avanzados de Puerto Rico y el Caribe e Instituto de Cultura Puertorriqueña, 2009), 281.

[21] *Probanza de Francisco Juancho*. 20 abr 1546. AGI, Patronato Real (en adelante PAT) 51, fs. 8 y 9. En Alegría, *Documentos históricos de Puerto Rico, Vol. IV: 1546–1580*, 4. La referencia a la Banda Sur es importante porque nos ayuda a delinear la jurisdicción de los alcaldes de la Santa Hermandad, cuando fueron identificados por banda.

cabildo de San Juan le pide al Rey defensa contra los ataques de los indios caribes en 1557, mencionan a Humacao, a Buenavista, y al Daguao. [22]

Para poner punto final a este apartado, es pertinente hacer referencia al secuestro de Luisa de Navarrete en Humacao, bien publicitado en nuestra historiografía. Según su testimonio, en un ataque a Humacao, donde se encontraba junto a su marido, los caribes se la llevaron secuestrada. La tuvieron cautiva por cuatro o cinco años en Dominica, donde convivió con ellos, hasta que pudo escapárseles cuando regresaron a realizar nuevos ataques a nuestra Isla. [23]

---

[22] *Informaciones sobre los ataques de los indios Caribes*. 1557. AGI, PAT 175, R.32, f.19. Incluye una referencia a la hacienda de Francisco del Río en Humacao (f.6v); se menciona que los términos de el Jumacao, el Daguao y Luquillo estaban muy poblados de haciendas, pero se despoblaron por los ataques de Caribes.

[23] *Pedimento de los ataques de corsarios franceses y de indios caribes a Puerto Rico*. 17 oct 1580. AGI, PAT 179, R.1, N.4, fs.8v–12v. En Alegría, *Documentos históricos de Puerto Rico, Vol. IV: 1546–1580*, 635.

Actividad económica colonial

En primer lugar, nos aproximaremos a la actividad económica en la región, reconocida en el periodo precolombino como los cacicazgos de Caguax y Humacao. El conuco de 6,850 montones de yuca y boniatos que en 1510 obtuvieron Juan de Castellanos y Francisco de Robledo en subasta en las tierras del cacique Caguax es una de las noticias más tempranas que tenemos del periodo de colonización. [24] Juana Gil-Bermejo añade que además de los conucos, estas asignaciones incluyeron el repartimiento de indios con sus caciques al frente, e incluye a Caguas. Subraya que en este caso, "la agricultura ocupaba un lugar secundario, siendo su finalidad el sostenimiento de la ganadería". [25]

Los montones del cacique Caguax representarían 23 cuerdas en extensión aproximadamente, [26] poco más de una cuarta parte del área del terreno que donarían Juan Gregorio Delgado y Tomás Díaz de Ávila en 1775, que fue concretamente 81 cuerdas. [27] Aún presumiendo que la donación de tierras haya sido exactamente en el mismo punto donde estuvo el conuco, este cálculo nos permite inferir que había espacio en el cacicazgo de Caguax para el establecimiento de muchas otras estancias o hatos.

Los hatos que se registran entre 1525 y 1600 no tenían que necesariamente haber sido parte, haberse desprendido, o haber reemplazado

---

[24] Francisco Moscoso. *Agricultura y sociedad en Puerto Rico. Siglos 16 al 18* (San Juan: Editorial ICP, 2001), 14. Cuadro #1. Adquirieron el conuco por 255 pesos. En el cuadro #3 (p. 34), reporta que el conuco generó 200 cargas de pan [de yuca], por lo que pagaron en diezmos para el 1511 veinte cargas.

[25] Juana Gil Bermejo. *Panorama histórico de la agricultura en Puerto Rico* (Sevilla: Escuela de Estudios Hispano–Americanos, 1970), 211. Ésta es la única autora que opina que la explotación ganadera se inició simultáneamente con la minera, siendo su complemento necesario.

[26] Nuestro cálculo está basado en las dimensiones que ofrece Moscoso: Francisco Moscoso. *Sociedad y economía de los Taínos* (San Juan: Editorial Edil, 2003), 104 y 105. Un pie cuadrado equivale a 0.09290304 metros cuadrados, y una cuerda tiene 3930 metros cuadrados. La conversión de 6,850 montones a cuerdas refleja aproximadamente 23 cuerdas. A través del tamaño estimado de este conuco podemos realizar otras inferencias. Cada montón, de forma cónica o redonda, se levantaba aproximadamente tres pies. Lo más relevante para nosotros es el contorno, de 9 o 12 pies en la parte que tocaba tierra. Entre uno y otro montón, había una separación de dos o tres pies, lo que haría que cada montón cubriera 144 pies cuadrados aproximadamente.

[27] Archivo General de Puerto Rico (en adelante, AGPR). Fondo de Gobernadores Españoles (en adelante, FGE), Agencias Gubernamentales; Secretaria, caja 368.

el área cubierta por el conuco de Robledo y de Castellanos, como señalan algunos constructores del mito de origen de Caguas. Hay que considerar además que el cacicazgo mencionado pudo llegar hasta San Lorenzo al sureste, según lo propone Rodríguez López.

Jalil Sued Badillo afirma que "los asentamientos urbanos del siglo XVI fueron determinados por los patrones en la exploración y extracción minera". En relación a la región que nos interesa añade: "[p]ara el 1516 se descubren 'las minas de los Reyes' en la sierra de Luquillo y la colonización del oriente de la isla da comienzo. De ahí, pasarán a los ríos Canóbana y Humacao". Sobre Caguas, reporta actividad minera en la Macanea, que identifica con los barrios de Turabo y Borinquen en el actual municipio. [28] Encontramos en los documentos de la Real Hacienda de Puerto Rico registros de actividad en la Macanea. En 1516 se pagaron 7 pesos a un arriero "porque llevó 28 arrobas de bastimento para las minas de Macanea para la gente que allí sacaba oro". [29]

Volviendo la vista a las crónicas, Gonzalo Fernández de Oviedo destaca la región oriental, específicamente las orillas del Daguao, en relación a la fundación del poblado de Santiago del Daguao por parte de los hombres del virrey Diego Colón. [30] En 1535 expresó sobre sus ríos: "...los cuales por la mayor parte son pequeños, mas algunos de ellos son buenos ríos, pero todos inferiores o menores que el que se llama Cayrabón, que está en la parte del Norte, y aquesta costa es la más rica de oro en la isla". [31] En 1576, coincidiendo con Oviedo, Tomaso Porcacchi destacó la importancia del río Cayrabón – Loíza – en términos de la producción de oro. Sobre este río destacó: "...más grande es el Cairabón que corre de la parte de Tramontana, el cual es la más rica en oro de todas las otras de la isla, y que se ha excavado mucha cantidad". [32]

---

[28] Sued Badillo, *El Dorado borincano*, 333 y 336.

[29] Aurelio Tanodi, transcripción y compilación. *Documentos de la Real Hacienda de Puerto Rico. Vol. 1 (1510–1519)* (Río Piedras: Centro de Investigaciones Históricas de la Universidad de Puerto Rico, 1971), 48.

[30] Gil–Bermejo, *Panorama histórico*, 13.

[31] Gonzalo Fernández de Oviedo. "Fragmentos de la historia general y natural de las Indias. Libro 16". 1535. Alejandro Tapia y Rivera, coordinador y anotador. *Biblioteca histórica de Puerto Rico, que contiene varios documentos de los siglos XV, XVI, XVII y XVIII* (San Juan: Imprenta de Márquez, 1854), 27.

[32] Tomaso Porcacchi. "Puerto Rico visto por los extranjeros: Descripción de la isla de San Juan, apelada Borichen, 1576". *La Revista del Centro de Estudios Avanzados de Puerto Rico y el Caribe*. Núm. 11 (julio – diciembre 1990): 49–51. 50

En 1530 se confirma la presencia española en la región, con motivo de un informe sobre un huracán que pasó ese año por la Isla y la destruyó, afectando la capacidad de los vecinos para pagar sus deudas. En las informaciones formadas, el testigo Garci Troche declaró que "todas las haciendas de la ribera de Bayamón y de Loíza y del Aymanio y Morovis y las minas viejas y de los ríos de Luquillo y Daguao, donde están todas las haciendas de los vecinos de esta ciudad, quedan destruidas, sin quedar en ellas conucos ni bohíos...". [33] Casi 40 años después, la región oriental se identificaba como área virgen para la agricultura: "...muy cerca de esta ciudad [San Juan] hay tierras muy mejores y donde acudiría mejor y se haría mucha más labranza, como es Cangrejos el alto y Luisa y Humacao y otras partes". [34]

La probanza del Cabildo de San Juan de 1573 solicitando esclavizar a los caribes reclamaba que estos pasaban a Puerto Rico casi todos los años, causando la despoblación de esa tierra "...siendo de ellos como es Luquillo, el Daguao, y el Humacao, donde había mucha cantidad de haciendas y donde se sacaba mucho oro y por su causa de los dichos indios y por haberles ellos quemado las casas, está todo despobladas las dichas haciendas...". [35] En otra, añadiendo las agresiones francesas a las de los caribes, se refieren el Luquillo y Puerto de Santiago, el Daguao y Buenavista y Humacao (como lugares diferenciados), Yabucoa, Maunabo y Guayama; el testigo califica esta banda sur como "lo mejor de esta isla". [36]

La Macanea se incluye en la Memoria de Melgarejo de 1582 como un río afluente del Río Grande de Loíza, donde se cogía oro. Es posiblemente el mismo río que hoy llamamos Turabo. Continúa esta crónica diciendo que en el "sitio" de La Macanea había tres ingenios de azúcar. Asimismo, plantea la existencia de ingenios y hatos en el valle de Caguas:

---

[33] *Probanza en San Juan de Puerto Rico sobre los daños sufridos ese año por un huracán y solicitando se suspendan las deudas.* 20 ago 1530. AGI, PAT 175, R.18, f.13. En Alegría, *Documentos históricos de Puerto Rico, Vol. III: 1528–1544*, 280.

[34] Francisco Moscoso. *El Egido del Concejo y el Hato del Río de las Piedras: pugna social de 1567* (San Juan: Ediciones Mágica, 2012), 58. Cita del testimonio del regidor Martín Aceituno de Estrada en relación a la relocalización del ganado de Manuel de Illanes.

[35] *Probanza hecha en la ciudad de Puerto Rico acerca de los daños causados por los indios caribes a la isla.* 26 mayo 1573. AGI, PAT 179, R.1, N.4, f.13. En Alegría, *Documentos históricos de Puerto Rico, Vol. IV: 1546–1580*, 415.

[36] *Investigación sobre los ataques de indios caribes y corsarios franceses a Puerto Rico y despoblamiento de la Isla.* 9 sept 1580. AGI, IND 1230, f.2v. En Alegría, *Documentos históricos de Puerto Rico, Vol. IV: 1546–1580*, 615.

> ...Desde este legua y media por la costa abajo sale un río muy caudaloso que dicen Luisa porque era una cacica principal que vuelta cristiana se llamo Luisa. Házenlo tan caudaloso gran cantidad de ríos que entran en él. Río de oro y el más fino que se hallaba en la isla era de un río que entra en este se dice la Macanea. Tocaba en veinte y tres quilates sobre cobre. En este sitio hay tres ingenios de hacer azúcar. El uno es de agua que está en un río que llaman Canobán, con cuya agua únele. Los otros dos son de caballos. Es ribera muy fértil y ha sido muy poblada de muchas más haciendas que al presente tiene. [37]

La región contaba con más sitios en los que se reportan ingenios. Melgarejo no menciona los hatos a los que se haría referencia en el siglo XVII, pero sí los ingenios. De uno u otro modo, los valles de Caguas y Humacao estaban habitados y mantenían actividad económica.

Sued Badillo aporta dos importantes datos para nuestro estudio. De un lado, sostiene que la actividad minera fue acompañada de asentamientos humanos, lo que supondría que en algún punto a lo largo del río Turabo habría un grupo poblacional en los primeros diez años de la conquista y colonización. Moscoso coincide cuando señala "al mismo tiempo que se efectuó intensamente la minería del oro, los colonizadores fueron estableciendo estancias cerca de las zonas mineras". [38] Gelpí hace una asociación adicional: los ingenios conllevaron el establecimiento de hatos para aportar carne a los obreros y proveer fuerza animal para la operación. [39]

Echamos mano a la rica bibliografía existente sobre este periodo en otros puntos de la América hispana para encontrar comprobación a la relación planteada por Sued Badillo entre la minería del oro. Sobre Centro América en el XVI, Linda Newson afirma que

> La difícil empresa de la conquista se consolidó por medio de la fundación de pueblos y ciudades que funcionaron como símbolos de la posesión territorial española, y como centros desde donde las áreas circundantes podían ser administradas y colonizadas. Los españoles buscaban ubicar los pueblos donde hubiera minerales o una población indígena densa, o idealmente, ambas cosas. [40]

---

[37] *Relación de la Isla de San Juan de Puerto Rico*. 1582. AGI, PAT 294, N.2.
[38] Moscoso, *Agricultura y sociedad*, 31.
[39] Gelpí Baíz, *Siglo en blanco*, 65.
[40] Linda Newson. *El costo de la Conquista* (Tegucigalpa: Editorial Guaymuras, 1986), 146.

Por su parte, Pastor Gomez identifica asentamientos y la fundación de pueblos españoles en variados puntos de las Indias. En Honduras, por ejemplo, asocia la localización de minas auríferas con el establecimiento de pueblos, y presenta como ejemplo la fundación de la Nueva Salamanca, actual Honduras, que se realizó cerca de las minas de Tayaco. [41]

La transformación que sufrieron las áreas donde se realizaba la explotación minera tuvo varios aspectos. Arturo Morales Carrión sostiene que "el cambio de la minería a la agricultura ocurrió a la par con el de las fuentes de mano de obra. El esclavo recién llegado no tuvo muchas dificultades en aclimatarse en las Antillas". [42] En términos de estancias agrícolas en la zona de interés, Sued Badillo identifica la de Antonio Sedeño (1524) y la de Luis Pérez de Lugo (1551) en Humacao, y la de Rodrigo Franquez en Loíza Arriba (1540). Además, subraya la transformación de la región de estancias conuqueras a hatos ganaderos tras el agotamiento del oro. [43]

Pablo García Colón propone que el agricultor itinerante de roza y quema apareció en la Isla a consecuencia de la abundancia de terrenos baldíos. Éstos "eran explotados colectivamente por los pobres desacomodados con propósitos de utilizar el amplio conjunto de recursos que ofrecían". Entre sus cosechas, cuyo propósito era la subsistencia familiar, identifica los plátanos, el arroz, el maíz, los ñames, las malangas, los frijoles, y las batatas, entre otros. [44]

Moscoso utiliza el expediente del pleito que surgió tras Real Provisión de pastos comunes del 26 de agosto de 1541 para identificar a los señores hateros de la región centroriental. En el caso de Juan de Castellanos, para 1541, cuando era regidor del Cabildo de San Juan, tenía tres hatos. Es decir, que además de las tierras en el cacicazgo de Caguax, en los 31 años transcurridos habría obtenido otros hatos o convertido todo o parte del conuco en hatos. En este expediente se menciona el hato de Caguas, propiedad de Isabel de Ávila, viuda de don Diego Guilarte.

---

[41] Pastor Gómez Zúñiga. *Minería aurífera, esclavos negros y relaciones interétnicas en la Honduras del siglo XVI (1524–1570)* (Tegucigalpa: Instituto Hondureño de Antropología e Historia, 2012), 41–42.

[42] Morales Carrión, *Puerto Rico y la lucha por la hegemonía en el Caribe*, 13.

[43] Sued Badillo, *Eldorado borincano*, 289, 295 y 333.

[44] Pablo García Colón. *Tierras privadas. Del reparto de terrenos baldíos al ordenamiento forestal en Puerto Rico: 1778–1873* (San Juan: Isla Negra Editores, 2011), 26–27.

También se incluye un corral establecido por parte de Alonso de la Fuente en La Macanea, en el actual barrio Turabo de Caguas. [45]

Gelpí Baíz reporta los siguientes propietarios de hatos en la región centroriental para el siglo XVI: en Caguas, Hernán Pérez e Isabel de Ávila; en Bairoa, Hernán Pérez; en Gurabo, Tomás de Castro; y en Humacao, Manuel de Illanes. Como estancias y haciendas, reporta la de Rodrigo Fránquez con conucos y caña en Loíza Arriba; en Humacao incluye a Manuel de Illanes y Amador González con una estancia de conucos cada uno, y a Francisco del Río con una hacienda de conucos. [46] Gil–Bermejo añade que para 1541 Illanes presentó informaciones donde declaró tener dos hatos de vacas en la ribera de Humacao. [47]

Entre los ingenios de azúcar, Gelpí incluye en Yabucoa el de Gonzalo Rodríguez de Santolalla y Marina de Castro, su mujer, movido por agua. En Loíza Arriba, identifica el de Rodrigo Franquez, con fuerza motriz de caballos, y el llamado San Mateo, con varios propietarios, siendo de caballos. [48] Moscoso incluye en el listado al ingenio La Concepción en Loíza, propiedad de Illanes. [49] En su propio testimonio, Paulo Bernáldez declaró en 1580 tener un ingenio en el río de Loíza. [50] Además, en el listado de "grandes propietarios" de tierra entre 1700 y 1740, Moscoso suma a Francisco Calderón de la Barca y su esposa, Francisca Quijano y Amézquita, como dueños del hato Buenavista entre 1700 y 1710. [51]

---

[45] Francisco Moscoso. *Lucha agraria en Puerto Rico. 1541–1545. Un ensayo de historia* (San Juan: Ediciones Puerto, 1997), 141–143.

[46] Elsa Gelpí Baíz. *Siglo en blanco. Estudio de la economía azucarera en Puerto Rico, siglo XVI* (Río Piedras: Editorial de la Universidad de Puerto Rico, 2000), 42–43, 48–49, y 235–240. La autora diferencia ambos términos, aunque señala que se utilizaron indistintamente en las Antillas. (P.41) Define estancias como "pequeñas parcelas de tierras dedicadas a la siembra de alimentos y a la cría de aves y estaban localizadas... en las márgenes de los ríos o en las laderas de las colinas. Se nutrían del trabajo del núcleo familiar y de esclavos". Las haciendas ocupaban una porción mayor de tierra que la estancia. Además de los sembrados y la vivienda, "comprendías pastizales para bueyes y bosques... fuentes de leña y carbón para uso doméstico. Su mano de obra era esencialmente esclava. Muchas de estas unidades surgieron a la sombra de un ingenio, pues la caña de azúcar que cosechaban debían llevarla a moler a un trapiche ajeno".

[47] Gil–Bermejo, *Panorama histórico*, 212.

[48] Gelpí Baíz, *Siglo en blanco*, 42–43, 48–49, y 235–240.

[49] Moscoso, *El Egido del Concejo y el Hato del Río de las Piedras*, 44.

[50] *Investigación sobre los ataques de indios caribes y corsarios franceses a Puerto Rico y despoblamiento de la Isla*. 9 sept 1580. AGI, IND 1230, f.2v. Tomado de Ricardo Alegría. *Documentos históricos de Puerto Rico, Vol. IV: 1546–1580* (San Juan: Centro de Estudios Avanzados de Puerto Rico y el Caribe, e Instituto de Cultura Puertorriqueña, 2009), 615.

[51] Moscoso, *Agricultura y sociedad*, 109.

Gelpí Baíz señala a Caguas, junto a Bayamón y el Toa, en relación al conflicto entre Manuel de Illanes y varios vecinos por el control del ejido de la ciudad de San Juan. Por los problemas que causaban los ganados a los conucos, se habían despoblado las estancias de estos tres pueblos. Menciona además a Yabucoa, con referencia a 1610, sobre la sustitución de estancias por parte de los hatos y monterías de ganado. [52]

Moscoso identifica este ingenio como Nuestra Señora de Valle Hermoso, con maquinaria de ruedas, e identifica a su dueño como Gonzalo de Santa Olalla. [53] El Obispo Bastidas definiría los ingenios azucareros de Santolalla. En el documento reporta que había fundado dos iglesias parroquiales en estos ingenios: "una en el de agua, que se dice Nuestra Señora de Vallehermoso, otra en los de caballos de título de Santa Ana, y puesto dos curas a costa de los diezmos". [54]

En su descripción de la isla de Puerto Rico presentada en 1582, el gobernador Juan de Melgarejo describe la ribera del río Humacao como una de las más fértiles, para labranzas de casabe y maíz, y ganados, y "todas las granjerías de esta isla". Añade que se ha sacado mucho oro de este río. Comenta que esta ribera está despoblada por el problema de los caribes. También en el actual territorio de Humacao, Melgarejo menciona que el puerto de Santiago fue poblado de muchas minas y estancias por ser la tierra muy fertil. Se hizo una casa fuerte de piedra, pero aun con ella no se pudieron defender de los caribes. Menciona que Cristóbal de Guzmán fue muerto allí, y su casa quemada; el resultado fue el despoblamiento de la ribera de Humacao. [55] Lamentablemente, con casi quinientos años de separación, es prácticamente imposible establecer la localización de estos hatos en la geografía centroriental actual.

¿Qué pasó en esta zona después de las presuntas despoblaciones? Más importante aún, ¿quién la repobló? Juana Gil–Bermejo nos ofrece una posible respuesta. Termina su trabajo sobre el intento de establecer el pueblo de San Luis del Príncipe con pobladores canarios en 1723 afirmando que

> No fue fácil establecer una población en el sitio de Humacao. En los comienzos de la colonización, Puerto Rico fue muy estimado

---

[52] Gelpí Baíz. *Siglo en blanco*, 37 y 68.
[53] Moscoso, *Agricultura y sociedad*, 57.
[54] Jalil Sued Badillo y Ángel López Cantos. *Puerto Rico Negro* (San Juan: Editorial Cultural, 2007), 148.
[55] *Descripción de la isla de Puerto Rico*. 1582. AGI, PAT 294, N.2, Capítulo 21.

por su fertilidad este lugar por los españoles, y se establecieron allí buenas haciendas y hatos que, de haber seguido, hubieran poblado esta zona de la Isla, pero los ataques de los caribes, y más tarde de los piratas, hicieron difícil el lugar para ser habitado. [56]

A estas razones podríamos sumar otras. Partiendo del conocido grito de "Dios nos lleve al Perú", Alegría presenta la situación de desesperación en la Isla después de 1530 bajo la etiqueta de calamidad, tomando como punto de partida una carta del gobernador Francisco Manuel de Lando. Según este escribió a la Corte, los vecinos estaban quebrados por las deudas en las que incurrieron para comprar esclavos, que no podían pagar. Esta situación se combinó con el agotamiento del oro y los descubrimientos en tierra firme. [57]

Sin embargo, en la segunda mitad del siglo XVII se mantenían, o se habría establecido nuevas haciendas en la costa este. Una carta del gobernador Juan Pérez de Guzmán al rey fechada 1663 cuenta de un inglés que se hizo pasar por religioso que fue capturado en el paraje de Buenavista por Antonio Báez, vecino de San Juan y morador en el sitio de Caguas. Relató la existencia de haciendas en Buenavista y que esta estaba a más de doce leguas de la ciudad de San Juan. En su testimonio, el religioso declaró además que los ingleses tenían "intento de poblar a Bieque, que es una isla que está en frente de ésta en el paraje de la Cabeza de San Juan, y dista tres leguas de este referido paraje de la de la Cabeza de San Juan, desde donde se puede pasar en canoas y embarcaciones pequeñas a esta isla…". [58]

Tenemos un atisbo de la transformación económica de la Isla, y la región centroriental, en dos documentos disímiles del siglo XVI. En 1608, el gobernador Sancho Ochoa de Castro reportaba al rey el estado de la economía de la Isla, e indirectamente, nos permite ver el final de la extracción de oro, que requería mano de obra intensiva, y los negocios de jengibre y cueros, mucho más cómodos. Los frutos de la isla, señala, eran azúcar, jengibre y cuero, "porque el oro que solía tener y de que me dieron algunas esperanzas los hombres viejos de esta isla que lo había me he desengañado que se acabó".

---

[56] Juana Gil–Bermejo. "La primera fundación de Humacao". *Revista del Instituto de Cultura Puertorriqueña*. Núm. 22 (enero–marzo 1964): 37–40.
[57] Ricardo Alegría. "¡Dios me lleve al Perú!" *La Revista del Centro de Estudios Avanzados de Puerto Rico y el Caribe*. Núm. 15 (julio – diciembre 1992): 42–46.
[58] *Cartas del gobernador Juan Pérez de Guzmán al Rey*. 31 may 1663. AGI. SD 157, R.2, N.36, f.1.

De igual manera, "los ingenios de azúcar se van acabando de todo punto respecto de que los dueños se dan a la labranza del jengibre"; todos los ingenios juntos no llegaron a la producción de tres mil arrobas, contrastándolo con las 10,000 que entendía podían totalizar. Por el contrario, reemplazando el azúcar, el jengibre había producido 15,000 pesos. En respuesta a una provisión real para que se mantuviese pendiente de esta situación, el cabildo de San Juan emitió una prohibición a los señores de ingenio para que no pudieran sembrar jengibre. [59] Gelpí Baíz señala que en 1610, el ingenio de Yabucoa había dado paso a una montería de vacas. [60]

En 1625, el Dr. John Layfield, capellán de la expedición del Conde de Cumberland a Puerto Rico, escribió una relación donde, entre otras cosas, describe los cultivos de jengibre y su localización y las causas para su cultivo:

> Las estancias están situadas más al interior y a conveniente distancia de algún río para el mejor transporte del jenjibre a Puerto Rico, de donde dan salida sus productos para otros países. Yo creo que una de las causas de que unos prefieran el cultivo del jengibre al de la caña de azúcar, es porque las fincas de jengibre no necesitan tanto escoger el terreno, de manera que los pobres pueden tenerlas fácilmente y no necesitan grandes recursos para principiar dicho cultivo. Aquí, en general, los principales productos son el azúcar y el jengibre. [61]

Además de ganado, ¿qué se cultivaba en los hatos y haciendas de la isla en los siglos XVII y XVIII? Una orden del gobernador Gaspar de Arredondo de 1690 fue publicada en todos los partidos de la isla, ordenando a los dueños de haciendas "y demás libres" a sembrar plátanos, maíz, arroz, casabe y cacao "para que no falte lo necesario y que ninguno salga del partido de donde fuere sin dar parte primero a sus tenientes y Capitán a Guerra...". [62] Los informes de O´Reilly y Abbad y Lasierra, entre otros, detallan los cultivos de los pueblos de nuestra región.

---

[59] *Carta del gobernador Sancho Ochoa de Castro.* 27 abr 1608. AGI, SD 155, R.15, N.196, fs. 1–1v.
[60] Gelpí Baíz, *Siglo en blanco*, 68.
[61] Eugenio Fernández Méndez. *Crónicas de Puerto Rico. Desde la conquista hasta nuestros días (1493–1955)* (Río Piedras: Publicaciones Gaviota, 2007), 148.
[62] *Carta del gobernador D. Gaspar de Arredondo al Rey.* 11 may 1690. AGI, SD 160, R.1, N.2.

Un "estudio" sobre la situación agrícola, económica y comercial de Puerto Rico, preparado por Andrés Viña en 1856, resume el proceso antes descrito.

> Los primeros pobladores europeos de la isla se dedicaron casi exclusivamente a la cría de ganados. Cultivaban algunos cereales y las plantas alimenticias necesarias para sus propios consumos, como los de las expediciones que se dirigían a Costa Firme. En 1506 se llevó a las Antillas españolas, de las islas Canarias, la primera caña dulce que sirvió de semilla en Santo Domingo, y luego en Cuba y Puerto Rico. En este último país, sin embargo de la eficaz protección que a tal cultivo prestaba el gobierno, siguió una perezosa carrera, prefiriéndose la cría de animales por su mayor producción, hasta que a fines del siglo XVIII, y especialmente el año de 1815, tomó incremento. Ese ramo de la agricultura, como los demás que constituyen la riqueza de tan apreciable posesión, debieron su principal desarrollo a la real cédula de gracias de dicho año, y a la emancipación de las Américas españolas, que llevó a la isla muchas personas inteligentes, y capitales de alguna importancia. [63]

Para cerrar este apartado, conocemos entonces que la región centroriental experimentó su primera actividad económica detrás de la extracción de oro en La Macanea, la sierra de Luquillo – que, aunque no contemplamos en la región, tenía dinámica socioeconómica con Naguabo, y el río de Humacao. El oro dio paso a los ingenios, que abandonaron prontamente el azúcar por el jengibre. Como trajeron de la mano los hatos, estos terminaron por ocupar el primer lugar en términos de actividad de producción en la región.

---

[63] *Andrés Viña, secretario cesante de su Real Junta de Comercio y Fomento. Estudios sobre la Isla de Puerto Rico; su situación, agricultura, comercio y estado actual de los principales ramos de la riqueza pública; conveniencia del establecimiento de un puerto franco; objeciones y reforma de los aranceles de aduanas; contribuciones territorial y mercantil* (Madrid: Imprenta de don Antonio Pérez Dubrull, 1856), 8.

TIERRA DE HATOS

Como hemos señalado, el agotamiento del oro hizo que las estancias diesen paso a la actividad de crianza de ganado para explotar y comercializar sus cueros y cebo. En 1567 se informaron las consecuencias de esta conversión en el uso de los terrenos: "que la causa de la necesidad de alimentos básicos de la Capital y no estar tan abastecida como solía ha sido y es por se haber despoblado las estancias de Caguas, Bayamón y Toa que la proveían de mantenimientos. Se despoblaron por causa de las vacas por mucho daño que hacían". [64]

Sobre la relación entre los hatos y la agricultura, Moscoso señala que "con el desarrollo de la economía del hato ganadero la agricultura de subsistencia continuó supliendo las necesidades alimenticias". Añade que la producción de azúcar se ajustó para el consumo local, no de exportación. [65] Advierte que el término "hato de vacas" se intercambiaba en ocasiones con "asiento o corral de vacas". Añade que "dentro de un hato, se suponía que se edificara un corral, para recoger y amansar el ganado; y dentro de este, o adyacente, se ubicara un chiquero, para amamantar a los becerros".

En cuanto a sus dimensiones, se ha señalado tanto que eran de dos leguas en cruz, o a la vuelta redonda, como de una. Basado en los testimonios de las partes que se enfrentaron en el conflicto que surgió tras la provisión de pastos de 1541, un hato requería de cinco o seis vaqueros para manejar 30 reses. [66]

Desde el punto de vista del trabajo y la mano de obra requerida, para atraer 500 reses alzadas en los montes a un hato, hacía falta 10 hombres y 20 caballos. [67] Estas reses se utilizaban para cumplir con las cuotas de la pesa impuestas por los cabildos, o para la producción de cueros. Ochoa de Castro informó la relevancia del negocio de los cueros:

---

[64] Moscoso, *El Egido del Concejo y el Hato del Río de las Piedras*, 52. Cita la *Probanza de Tello Pantoja de Monrroy, sobre el daño que reciben los vecinos de las vacas que andan en el egido*. 25 jun 1567. AGI, Justicia (en adelante, JUS) 98, fs. 316v–318.

[65] Moscoso, *Agricultura y sociedad*, 101.

[66] Moscoso, *Lucha agraria*, 4, 61 y 126.

[67] *Carta de Diego Gómez de Sandoval, presidente de la Audiencia de Santo Domingo*. 20 mar 1610. AGI, SD 54, R.1, N.9, f.1.

Los cueros son causa de que se agote el ganado manso, porque como la granjería de la pesa es poca, y el trabajo y costa de recoger los hatos grande, van jarreteando el ganado para vender el cuero y sebo en que sienten más provisto y en una villa que tiene esta isla que se llama San Germán, donde está todo el ganado que se trae para las carnicerías de esta ciudad, van dando en la sementera del jengibre, con lo cual ha de quedar de todo punto destruida esta isla, porque es gente pobre y si se divierten en el jengibre, no tienen con qué poder conservar el ganado. [68]

En el relato del Dr. Layfield de 1625 se reconoce la importancia de los hatos y su producción de cueros para la economía de la Isla: "[u]n tercer producto de esta isla además del jengibre y del azúcar son los cueros…". Señala la preferencia de la región este sobre el oeste para la cría de ganado. Termina acotando "[e]stas pieles producen enormes sumas de dinero, teniendo en cuenta que sus novillos son más grandes que los que se crían en Inglaterra". [69] Para 1646, Diego de Torres Vargas informaba que la producción de cueros en Puerto Rico era de 8,000 a 10,000 anuales. [70]

Uno de los usos domésticos de los cueros era la fabricación de muebles. En La Española, por ejemplo, los muebles de las casas de los campos estaban fabricados de esta manera. [71]

El holandés Juan de Laet escribió una descripción de las Indias Occidentales en 1640 en la que incluye una referencia a Caguas. Sobre los ríos de la Isla, menciona:

> Riéganla gran número de ríos, siendo de ellos el principal, en sentir de Oviedo, el Cairabón: próximo se halla el Bayamón, que va a desaguar en el mar frente a la fortaleza que domina la bahía de la ciudad más notable de aquella antilla. Siguen en importancia los llamados Loíza y Toa: entrambos nacen del monte Gayamo, corren hacia el nordeste hacia el monte de Caguas, donde después de haber recibido el tributo de multitud de riachuelos de una y otra ribera, se dividen para formar el primero un canal que se extiende a

---

[68] *Carta del gobernador Sancho Ochoa de Castro.* 21 abr 1608. AGI, SD 155, R.15, N.196, f.1v.

[69] Fernández Méndez, *Crónicas de Puerto Rico*, 148.

[70] Fernández Méndez, *Crónicas de Puerto Rico*, 178.

[71] *Carta de Antonio Osorio, presidente de la Audiencia de Santo Domingo.* 20 ago 1605. AGI, SD 52, R.5, N.28, f.1v.

lo largo del territorio de Loíza, mientras que el segundo bajo la denominación de Toa que en aquel punto toma, prosigue en la dirección nordeste hasta desaen el puerto del mismo nombre. [72]

Ya hemos hecho referencia a algunos hatos que habían sido establecidos en la región en el siglo XVI; pudimos identificar algunos hatos, estancias y casas hasta el XVIII. Entre estos, en el registro de extranjeros residentes en Puerto Rico de 1671, concretamente para "Caguas", se mencionan los siguientes: el hato y casa de Juan Vázquez Prieto y la casa de Alonso Delgado, ambos en la ribera de Caguas; la estancia del alférez Juan de Olivera; en Buenavista aparece la hacienda de Francisco Calderón. [73] Ya mencionamos el hato Buenavista de Humacao, que en 1675 fue objeto de un presunto ataque inglés, posteriormente atribuido al pirata Lorenzillo. En 1701, al capitán Francisco Delgado Manso le fueron embargados todos sus bienes al ser encontrado culpable por contrabando. Era dueño del hato del Barrero, el hatillo de Navarro, y el de la Lima. [74]

La naturaleza hatera de la región queda confirmada en una demanda que pusieron varios vecinos de San Juan, que eran dueños de hatos y estancias en la región centroriental, contra los hijos del gobernador Juan Fernández Franco de Medina. En 1695, este había traído como pobladores a catorce familias canarias que fueron asentadas en Sabana Llana y los Robles, actual pueblo de Río Piedras. Estas familias fueron parte del llamado "tributo de sangre" de 1678, que incentivó la migración oficial de familias de las Canarias a las Antillas mayores frente a las amenazas de las potencias extranjeras. [75]

Aparte de una yunta de bueyes del Hato del Rey que fue entregada a cada familia, la manutención se convirtió en responsabilidad

---

[72] Juan de Laet. "Descripción de las Indias Occidentales. Libro Primero. Islas del Océano. Isla de San Juan de Puerto Rico". 1640. Alejandro Tapia y Rivera, coordinador y anotador. *Biblioteca histórica de Puerto Rico, que contiene varios documentos de los siglos XV, XVI, XVII y XVIII* (San Juan: Imprenta de Márquez, 1854), 5.

[73] "Registro de extranjeros" *Carta de Gaspar de Arteaga, gobernador de Puerto Rico*. 19 sept 1671. AGI, Santo Domingo (en adelante, SD) 157, R.4, N.102, fs. 2v–3.

[74] *Causa Criminal seguida de oficio de la Real Justicia contra algunos moradores del pueblo de Ponce en esta isla de Puerto Rico sobre la pesquisa y averiguación del comercio que ejecutaron con tres balandras extranjeras que llegaron a aquel puerto por la Cuaresma*. 1702. AGI, SD 537.

[75] Nelson Díaz Frías. "De San Miguel de Abona a Puerto Rico." *La contribución de los isleño–canarios a la familia puertorriqueña*. Colección de Genealogía e Historia, Tomo III. Luis Burset, Editor (San Juan: Sociedad Puertorriqueña de Genealogía, 2013), 50.

de algunos vecinos de San Juan. [76] Dichos "vecinos" tenían hatos en el valle de Caguas, pues algunos se declararon moradores en la ribera del río Luisa, en la ribera del río Caguas, y el sitio del Piñal.

La producción de alimentos que recayó sobre ellos incluía carne salada y plátanos. [77] Los demandantes reclamaron en 1700 que se les reembolsara el costo de los alimentos que fueron obligados a dar al grupo de canarios establecidos en Sabana Llana y el Roble. En la siguiente tabla presentamos a los demandantes, identificados como residentes de la ribera del río Loíza.

En 1770 el Cabildo de San Juan asignó a Caguas la cuota de 500 reses, de un total de 10,000, que debía aportar para el consumo en caso de darse un asedio contra la Isla. Esta respondía a una propuesta que presentaron el alférez mayor y el capitán de Milicias Disciplinadas, don Gaspar de Andino y don Juan de Andino. [78]

Con la demolición de los hatos ganaderos a finales del siglo XVIII y el incentivo de la agricultura comercial, este modo de vida centenario dio paso a otros, que eventualmente sería reemplazados también. Moscoso dramatiza la pérdida de importancia de los hatos de la siguiente manera:

> La presencia de Humacao, Arecibo y Manatí en esta lista [una lista sobre la producción de botijas de melao por municipio] es ilustrativa del proceso de cambio que se venía gestando. Entre los tres, en 1771 reunían el 80% de los 400 hatos existentes entonces. La lucha por la demolición los había reducido a 13% de los 234 hatos de 1775. Y ese mismo porciento en melado le pisaba los talones al latifundio hatero en vías de disolución. La presión contra el hato se estaba montando, incluso desde las siembras de plátanos y arroz, o fabricación de melado y aguardiente. [79]

Francisco Scarano y Katherin Curtis asocian el predominio de hatos ganaderos en el paisaje puertorriqueño con la incapacidad de España de desarrollar sus colonias de la misma manera que lo habían

---

[76] Ángel López Cantos. *Historia de Puerto Rico 1650-1700* (Sevilla: Escuela de Estudios Hispanoamericanos, 1975), 34–36. Presenta como referencia Escribanía,126A.

[77] *Demanda puesta por diferentes vecinos y moradores de esta isla a los bienes embargados al Sargento Mayor Don Juan Fernández Franco de Medina.* 1700. AGI, Escribanía (en adelante, ESC) 126, Pieza 12.

[78] *Actas del Cabildo de San Juan, 1767–1771*, 176, acta 772.

[79] Moscoso, *Agricultura y sociedad en Puerto Rico*,179.

hecho sus vecinos europeos. [80] Stark coincide y relaciona la transformación de la economía agrícola de Puerto Rico con la producción de azúcar en las islas bajo dominación inglesa a partir del segundo cuarto del siglo XVII. De una economía de plantación de caña de azúcar se pasó al hato ganadero. El resultado inevitable de esta situación fue que nuestra Isla se convirtió en proveedor de carne, cueros y maderas para sostener los esclavos de las islas azucareras. [81]

A manera de colofón para este segmento, y para acentuar la importancia de los hatos ganaderos en la historia de Puerto Rico y, naturalmente, de la región centroriental, Rafael Torrech San Inocencio, propone que los hatos fueron el germen de muchos de los barrios que constituyeron nuestros pueblos. [82]

---

[80] Francisco A. Scarano y Katherin J. Curtis White. "Population Growth and Agrarian change in the Spanish Caribbean: Evidence from Puerto Rico´s Padrones, 1765-1815". *Latin American Research Review.* Año 46, Nú.m. 2 (2011), 2. Consultado en *Princeton University.* http://paa2005.princeton.edu/papers/51217. Capturado el 11 de junio de 2015.

[81] David Stark. "The Family Tree is not Cut: Marriage Among Slaves in Eighteenth Century Puerto Rico". *New West Indian Guide/Nieuwe West-Indische Gids,* 76, Núm. 1/2 (2002), 25-26.

[82] Torrech San Inocencio, *Los barrios de Puerto Rico,* 45.

Tabla 1
Listado parcial de hatos ganaderos en la región centroriental y áreas circundantes, identificados en la documentación consultada

Año	Localización	Nombre	Dueño	Fuente
1525–1600	Río Piedras	Hato del Río de las Piedras	Manuel de Illanes	Gelpi, *Siglo en blanco*; Moscoso, *El ejido del Concejo*
1525–1600	Loíza Arriba	Sin nombre	Rodrigo Fránquez	Gelpi, *Siglo en blanco*
1541	N.D.	3 Hatos de Juan de Castellanos	Juan de Castellanos	Moscoso, *Lucha agraria*
1541	Caguas	Hato de Caguas	Da. Isabel de Ávila, "viuda del señor de hatos, Diego Guilarte"	Moscoso, *Lucha agraria*
	Caguas	Hato de Bairoa	Hernán Pérez	Gelpi, *Siglo en blanco*
	Caguas	Hato de Gurabo	Tomás de Castro	Gelpi, *Siglo en blanco*
	Caguas	Hatos en Caguas	Hernán Pérez	Gelpi, *Siglo en blanco*
	Humacao	Hatos en Humacao (2)	Manuel de Illanes	Gil–Bermejo, *Panorama*; Gelpi, *Siglo en blanco*
1541	Caguas	Corral en La Macanea	Alonso de la Fuente	Moscoso, *Lucha agraria*
1542	No se especifica	Sin nombre	Fernando Alegre	Moscoso, *Lucha agraria*
1656–1661	Cangrejos – Bayamón	Hato Real	La Corona	Moscoso, *El ejido del Concejo*
1671	Caguas	Hato de Juan Vázquez Prieto	Juan Vázquez Prieto	AGI, SD 157, R.4, N.102
1675	Humacao	Hato Buenavista	Francisco Calderón de la Barca; Antonio López de Arce	Moscoso, *Agricultura y sociedad*
1700	Cangrejos	Salvatierra	La Corona	AGI, ESC 126A. Pieza 21, f.3
1701	Caguas	Hato del Barrero	Francisco Delgado Manso [III]	AGI, SD 537
1701	Caguas	Hatillo de Navarro	Francisco Delgado Manso [III]	AGI, SD 537
1701	Caguas	Hatillo de la Lima	Francisco Delgado Manso [III]	AGI, SD 537
1701	Las Piedras	Hato Viejo	Francisco Delgado	AGI, SD 2396, Cuarta Pieza, f.47v
1737	San Lorenzo	Hato San Miguel y sus monterías	Francisco Delgado Manso y sus hermanos, hijos legítimos del capitán Antonio Delgado Manso, dueños comuneros	Actas del Cabildo de SJ, 1730–1750
1743	Naguabo	Hato y criadero en las monterías de Naguabo	Domingo Joseph Delgado y Baltasar Delgado; Baltasara de los Reyes Delgado	Actas del Cabildo de SJ, 1730–1750
1749	Naguabo	Cayures, Peña Pobre y	Gerónimo Aponte, Tiburcio Rodríguez y Manuel Díaz	Rosario Natal, *Historia de Naguabo*

			[82]
1779	Gurabo	Santiago	AGPR, FGE, Asuntos Políticos y Civiles, Caja 187 Tribunal de gobierno 1754-1824.
		Delgado; Juan Delgado; Lucas Delgado; Miguel delgado Félix Márquez, Martin de Algarin, Antonio de Medina, José Antonio Gómez y otros	
1781	Caguas	Hato Nuevo Las dos Caguas	ACSJ. 1777-1781. Acta 1149, 5 de febrero de 1781.
		Referencias a su demolición y las irregularidades en ello.	
1786	Humacao	Antón Ruiz	SD 2396
1786	Humacao	Hato Santiago	SD 2396
		Isabel Delgado	
1786	Las Piedras	Las Piedras, Viejo y La Ceiba	SD 2396
		Baltasara Delgado, Gerónimo Aponte y Josef Carmona	
1786	Yabucoa	Las Casas, Limones, San Lorenzo	SD 2396
		Ana María Delgado, Domingo Josef Delgado, Josef Delgado, Juan Gregorio Delgado, condueños	
1839	Caguas	Hato de Turabo	AGPR, FOP, Edificios Públicos, Caguas 1819-1879. Caja 27.
		Eugenio Ximénez	

[83] Carmelo Rosario Natal. *Historia de Naguabo. Primera Parte. Orígenes, fundación y primeros tiempos, 1571-1825* (San Juan: Producciones Históricas, 1979).

Esclavos en la región

En su estudio sobre la relación entre la esclavitud y la economía dominicana del siglo XVIII, Rubén Silié destaca que la naturaleza del trabajo del hato en el Santo Domingo español no dejó posibilidad al trabajo esclavo por tres razones principales. Por un lado, la falta de capital no permitía comprar esclavos en cantidades altas. Por otro, el trabajo del hato era duro y arriesgado, y lo hacían los blancos pobres. [84] Sin embargo, Jorge Ibarra Cuesta reconoce el rol de los esclavos en los hatos ganaderos, y el impacto que estos tuvieron en la formación de la sociedad. En contraste con los de haciendas, y haciendo referencia a Magnus Mörner, propone que "los esclavos que han sido empleados como pastores o acarreadores de ganado han disfrutado un alto grado de libertad de movimiento dentro de su condición de servidumbre". [85]

David Stark cita a Higman y a Bush para afirmar, en coincidencia con Ibarra, que aquellos lugares donde el azúcar no era la actividad económica principal, las posibilidades de sobrevivencia de los esclavos eran mayores. Por ello, asocia la pobre actividad económica de Puerto Rico desde finales del siglo XVII con una mejor situación para los esclavos. Más aún, esta situación les permitiría contraer matrimonio y establecer familias. Añade que la población esclava en el Partido de Caguas era una de las más pequeñas de la Isla, calculando que el número promedio de esclavos por dueño sería de dos adultos con los niños que estos tuvieran. [86]

Un breve análisis de los dos primeros libros sacramentales del Partido de Caguas confirma los estimados de Stark. Más aún, un elemento que sorprende es que muchos de los esclavos poseídos por los residentes del Partido eran nacidos de otros esclavos de estos individuos. Es decir, la multiplicación de esclavos no era por compra, sino por nacimientos.

---

[84] Rubén Silié. *Economía, esclavitud y población. Ensayo de interpretación histórica del Santo Domingo español en el siglo XVIII* (Santo Domingo: Academia Dominicana de la Historia, 2009), 31–42.

[85] José Ibarra Cuesta. *De súbditos a ciudadanos, siglos XVII–XIX. El proceso de formación de las comunidades criollas del Caribe hispánico (Cuba, Puerto Rico y Santo Domingo). Tomo I* (Santo Domingo: Archivo General de la Nación, 2012), 68.

[86] David Stark. "The Family Tree is not Cut: Marriage Among Slaves in Eighteenth Century Puerto Rico". *New West Indian Guide/Nieuwe West-Indische Gids*, 76, Núm. 1/2 (2002), 27, 28.

Por ejemplo, doña María de Almeida llegó a tener doce esclavos entre 1730 y 1774; sin embargo, nueve eran producto de dos esclavos adultos: Juan Mateo de los Reyes y de Rosa Delgado, o de Santa María (ver tabla #3). Juan Mateo, nacido en el sitio de Guaynabo en 1713, [87] aparece como pardo libre en uno de los bautizos de sus hijos, aunque sus padres aparecen como esclavos en su propio matrimonio, realizado en Hato Grande en 1746. [88] Luis Díaz Soler afirma que "los dueños de esclavos y las autoridades civiles y religiosas fomentaban el matrimonio esclavo como un medio eficaz para aumentar las esclavitudes sin verse obligados a recurrir a importaciones de negros de Europa y África". Aclara que los amos preferían arreglar matrimonios entre esclavos de una misma dotación para evitar perder que las mujeres pasasen con sus hijos menores de tres años al amo del nuevo marido esclavo. [89]

Prestando atención a los partos de estas esclavas, identificamos algunas estadísticas generales. Más de la mitad de ellas tuvo un hijo, que fue bautizado como esclavo del dueño de la madre. Una de cada cinco tuvo dos hijos. Solo una de cada cuatro tuvo tres o más hijos. Otro detalle interesante es que muchas de ellas tuvieron tanto hijos naturales y legítimos. Además, no todos los padres varones de sus hijos eran esclavos. A continuación, presentamos una tabla que recoge los esclavos mencionados en estas actas, y los nombres de sus dueños; hemos incluido también aquéllos que hemos encontrado en los primeros libros sacramentales de la catedral de San Juan.

---

[87] CSJ 2B(Pardos, Morenos y Esclavos 1706–1714)F sin número. Bautizado el 6 de noviembre de 1713; se identifican los padres como vecinos de San Juan y moradores en el sitio de Guaynabo..

[88] ACDNJC 1M(1730-1774)F16. No hemos encontrado el matrimonio de sus padres – Nicolás de los Reyes y Manuela de Jesús – en San Juan. Sin embargo, encontramos el bautizo de Isabel, hija legítima de Nicolás de los Reyes y de Manuela de Jesús, el 3 de mayo de 1710, asentado en el segundo libro de Blancos (1706–1723), folio 34v.

[89] Luis M. Díaz Soler. *Historia de la esclavitud negra en Puerto Rico* (Río Piedras: Editorial de la Universidad de Puerto Rico, reimpresión 2005), 174.

Tabla 2
Esclavos y dueños en el Partido de Caguas, 1677–1774

Dueño	Esclavo
	1677–1729 (CSJ)
Capitán Alonso Delgado	Diego, nacido en Angola (1687)
Padre Amaro Delgado	María, nacida en Angola (1693)
	Josef del Cerro, casado en 1693 con Juana de Rivas/Ribera, esclava de Bárbara Benítez
	Agustina Delgado (1703)
	Juan Jacinto, hijo de Juan Delgado y de Agustina Delgado (1703)
Juan Felipe Cordero	Francisco, nacido en Angola (1693)
María de Almeida	Juana (1694)
Juan de Almeida/Olmeda	Tomás, esposo de Francisca Barbosa (1693)
	Diego, negro adulto de asiento (1700)
Da. Isabel de Almeida	Juana (1298)
	Leonor (1704)
	Juana, hija de Leonor (1704)
	María (1714)
	Dominga, hija de María (1714)
	María de la Trinidad (1718)
	Ana, hija de María de la Trinidad (1718)
Francisco Delgado [III]	Juana (1698)
	[en blanco], hijo de [en blanco] (1703)
Lázaro Ramos	Juana (1700)
	Simón, hijo de Juana (1700)
Diego Saldaña	Andrés, negro de asiento (1701)
	Sebastiana (1715)

Antonio López de Arce	[–]eno, hijo de Sebastiana (1715)
	Juana, negra adulta de las del asiento (1702)
	Antonio, "de los del asiento" (1702)
	Vicente, hijo de Juana (1702)
Juan de Rivera Falcón	María (1703)
	Ignacio, hijo de María (1703)
	Juana, hija de María (1707)
Juana de Rivera Falcón	Rosa, hija de Juana (1724)
	Juana (1724)
Isabel Delgado	Domingo, negro adulto (1703)
	Juan, casado con Agustina (1709)
	Agustina, casada con Juan (1709)
	Patricio, hijo legítimo de Juan y Agustina (1709)
	Tomás (1709)
	María (1709)
Julián Joseph López	María (1708), casada con Domingo, esclavo de Lázaro Gómez
Julián de los Reyes Delgado	María (1715)
	[roto], varón], hijo de María (1715)
	Isabel, hija de [roto], mulata (1718)
	[roto], mulata esclava (1718)
Ana Nicolasa	Flora de la [ilegible] (1719)
Julián Delgado	Juan Antonio, de nación congo (1721)
	1730–1774 (ACDNJC)
Diego Algarín	Antonio
	Isabel
	Antonio, negro luango, "vino de asiento"
	Josefa, "negra de asiento"
	Juana, hija de Isabel Algarín

36

	Juana, hija de Isabel Algarín
	Francisca, hija de Antonio de Algarín y de Isabel Rodríguez, negros
	Juana Jacinta, hija de Antonio y de Isabel
Féliz Almeida	Miguel de Rivera
Juan de Almeida	Nicolás, hijo de Anica Rivera
	[roto], hijo de nación congo, que trabajaba en el campo (1718)
María de Almeida/Olmeda/Olmeyda	Rosa de Santa María
	"Un párvulo"
	"Una párvula"
	Catalina, hija de Juan Mateo [Reyes] y de Rosa Delgado [de Santa María]
	Domingo, hijo de Juan Mateo [Reyes] y de María Delgado
	Miguel, hijo de Juan Mateo de los Reyes y de Rosa Delgado
	Juan, hijo de Juan Mateo de los Reyes, pardo libre, y Rosa
	Juan, hijo de Juan Mateo de los Reyes y de Rosa
	Julián, hijo de Juan Mateo de los Reyes y de Rosa
	Juana, hija de Juan Mateo de los Reyes y de Rosa
	Paula, hija de Juan Mateo de los Reyes y de Rosa Delgado
	Petrona, hija de Mateo de los Reyes, pardo libre, y de Rosa
Pedro Carmona	"Un párvulo"
	Francisco Anselmo, hijo de Ana
	Bernardo, hijo de Ana de Rivera
Luis Carrasquillo, pardo libre	Domingo, negro adulto
Luis Carrasquillo y María Donis	Ana, negra de Angola
	Antonio, negro de Angola
Gerónimo Carrasquillo	Juan Francisco, negro adulto
	Margarita Josepha, negra adulta
Bernardo de Castro	Juan Álvarez del Rosario
	Juana de Rivera
	"Una párvula"

Juan Pedro de Castro / Maurero	Joseph Mirabales
	María de Castro
	María, negra de asiento
	María, hija de Tomasia Maurero
Juan Colón de Rivera	Feliciano, hijo de Antonia Colón, parda
Eusebio Corbello	Eusebia, hijo natural de Antonia Ramos
Ana María Delgado	Bernardo
Ana María Delgado y Pedro Carmona	Luisa, hija de Ana de Rivera
Antonio Felipe [Delgado]	Martín, hijo de María Felipe
	Leoncio, hijo de María Felipe
	Guillermo, negro bozal
Baltasar Delgado	George, hijo de Antonia de Rivera
Bernardino Delgado	Margarita de Rivera
	"Un párvulo"
	Manuel Delgado
	Bartolomé, hijo de Manuel Troche y Margarita de Rivera
	Gregoria, hija de Manuel Troche y Margarita de Rivera
Domingo José [Delgado]	"Un párvulo"
Juan Gregorio Delgado	José Alvarao
	Paula Delgado
	María
	Inocencio Delgado
	Juliana, hija de José Alvarado y Josefa Colón, morenos
Julián Delgado	Gaspar
Julián de los Reyes Delgado	Elena
	María Jacinta
María Rosa Delgado	Juan, el negro
Antonio Díaz	Juan Ailano, hijo de María
	María, hija de María

Francisco Díaz	Plácido, hijo de María
Tomás Díaz	Gerónimo
	Ildefonso Colón
	Dominga
	Jacinto de la Cruz Díaz
	Juana Morales
	Juan Agustín
	María
	Ignacio
	Juan Miguel, esposo de María Carrasquillo
	Martín, hijo de Francisco Díaz, moreno libre, y de Dominga
	Ambrosio, hijo de Francisco Díaz, libre, y de Dominga
	Anselmo, hijo de Francisco Díaz, moreno libre, y de Dominga
	Juan, negro de Angola
	Felipa, hija de [Juan Miguel], difunto, y de María Carrasquillo
Pascuala Díaz	María de los Dolores
Manuel Díaz de Ávila	Juan de Ávila
Felipe Donis	Manuel de la Cruz Delgado
	Ana María
	Ignacio Donis
	Rosa, natural de Guinea
	"Una niña", hija de Rosa Carasquillo
María Donis	Casimira, hija de Ana Donis
	Juana, hija de Ana
Manuel Fernández	Francisco, hijo de Ana María
Manuel Gómez	Antonia
	Andrés, bozal
Francisco Márquez	Sebastián
Diego Martínez/Martínez de Matos	María, hija de Francisco y de Micaela

	Esteban, hijo de Francisco y de Micaela
	Micaela, hija de Francisco y de Micaela
	Clara, hija de Francisco y de Micaela
	Luis Beltrán, hijo natural de Micaela Ortiz, morena
Germán Martínez Espinosa	Bernardo Martínez
	Antonia de la Cruz
	Martín, hijo de Magdalena Rivera
	Juana, hija de Olaya
	María, hija de Olaya
	María Rosa, bozal
	Juan Ciriaco, hijo de María
	Ana María, hija de Olaya
	Justa Pastora, hija de Olaya
	Juana Simeona, hija de María, bozal
	Luciano José, hijo de Bernardo Martínez y de Antonia de la Cruz
	Juan Agustín, negro
Gaspar Martínez	"Un párvulo"
José Martínez de Espinosa	Pedro Regalado, párvulo
Pedro Martínez de Matos	"Una párvula"
	Lorenzo, hijo de Juan José, moreno libre, y de Cecilia Casanoa, morena
José Medina	Juan, hijo de María de Medina, parda
	Ángela, hija de María Medina
	Antonio, hijo de María de Medina
Juan Lorenzo de Mercado	Marta, hija natural de María
Juana de Mercado	Manuela, hija de Dor[–] Falcón
	Felipe, hijo de Dorotea de Mercado
Juan César [Piñero]	Mirenciana
Vicente Ramos	Diego
María del Rosario Ravelo	Basilio, hijo de Juana

Isabel de Rivera Falcón	"Un párvulo"
	Juana, de 13 días de nacida
	Aniceta, hija de Antonia de Rivera
	Dominga, hija de Antonia
	Casimira, hija de Dámasio García y de Antonia de Rivera
	Baltasar, hijo de Dámaso García y Antonia Falcón
José de Rivera	María, bozal
Josefa de Rivera	Esteban, hijo de María
Juan de Rivera	Domingo
Juana de Rivera	Inocencio, hijo de María Jacinta
Nicolás Rodríguez Casanoa	Cecilia Casanoa
	María de la Candelaria, hija de Cecilia
	Basilio, hijo natural de Cecilia de Casanoa
Juan de la Rosa	Justo Ventura, hijo de Juana de Rivera, parda
Diego Saldaña	"Una negra"
	Rafael
	Faustino
	Juan, hijo de María Saldaña
Juana Saldaña	Juan, párvulo
	Féliz, hijo de Juana
	María de Monserrate, hija de Juana, morena
Leonor Saldaña	"Un párvulo"
	Joseph, hijo de María del Carmen
Felipe de Santiago	Sebastián, hijo de Magdalena Ortiz
Mariana Velázquez	"Un negro"
Joseph Vicente	"Un párvulo"
José Antonio	Domingo

Fuentes: ACDNJC: 1B(1730–1766); 1D(1730–1770); 1M(1730–1774) CSJ 1B(PNE 1672–1706).

Otro detalle interesante es el cambio de apellidos entre los esclavos, algo que hemos visto entre la gente libre. Por ejemplo, Dorotea, esclava de Juana de Mercado, aparece como Falcón en el bautizo de su hija Manuela, pero como Dorotea de Mercado en el de Felipe. También nos llama la atención el cambio de dueños. Este es el caso de Cecilia, esclava del cura Nicolás Rodríguez Casanova. Después de bautizar dos hijos naturales, aparece como esclava de Pedro Martínez de Matos, pero casada con Juan José. También, contrario a la creencia generalizada de que los esclavos llevaban el apellido de los dueños, muchos esclavos rompen esta práctica. Así, Tomás Díaz, quien sería uno de los donates de los terrenos de El Barrero, tuvo varios esclavos que no llevaban su apellido. Entre éstos, Ildefonso Colón y Juana Morales. Felipe Donis tenía como esclavo a Manuel de la Cruz Delgado, y Juan Pedro de Castro tenía a José Mirabales.

Luis Díaz Soler afirma que los esclavos tenían derecho a rescatarse, es decir, obtener su libertad, según se lo reconocía el derecho español. A partir de 1708, se conocerá este derecho como de "coartación", "o sea, el pago de su precio en plazos". [90] En Caguas encontramos evidencia de este proceso, cuando doña María Trinidad Ximénez coartó a su esclavo, Tomás Inocencio de la Merced. El documento es harto elocuente, por lo que lo transcribimos parcialmente:

> Que por cuanto Tomás Inocencio de la Merced, esclavo de su pertenencia, habido en su propia casa de otra su esclava nombrada Magdalena Díaz, le ha entregado la cantidad de doscientos pesos macuquinos por su libertad, y debiéndole formalizar el más eficaz resguardo y carta de ahorrio, otorga y conoce por la presente que da y concede plenta libertad al mencionado Tomás Inocencio, su esclavo, que tiene la edad de veinte y cinco o veinte y seis años, por los indicados doscientos pesos, que como deja dicho, confiesa tiene recibidos a toda su satisfacción y contento, y por no ser de presente la entrega como cierta y verdadera renuncia la excepción de la non numerata pecunia leyes de aquella prueba de su recibo y demás del caso, confesando ser su legítimo precio, y desistiéndose y apartándose del dominio útil y directo que en dicho esclavo tenía adquirido, el que cede, renuncia y traspasa a su favor, para que disfrute de su

---

[90] Luis M. Díaz soler. *Historia de la esclavitud negra en Puerto Rico* (Río Piedras: Editorial de la Universidad de Puerto Rico, 1953, reimpresión 2005), 226–227.

manumisión como si hubiese nacido naturalmente libre, y que no vuelva a sujetarse a servidumbre, confiriéndole poder irrevocable con libre, franca y general administración y facultad, para que trate, contrate, haga su testamento, comparezca en juicio, constituya apoderado y practique sin intervención de la otorgante todo lo que pueden hacer y está permitido a los que nacieron libres, usando en todo de su espontánea voluntad con cuyo objeto formaliza a su favor esta escritura… [91]

Los morenos no fueron excluidos en los repartimientos de tierras. En 1828, Tomasa García, quien aparece como parda libre en las actas sacramentales de sus hijos, [92] pide al tribunal que se le permita presentar informaciones de testigos. El asunto trataba de un pedazo de terreno de 50 cuerdas que le habían entregado a su difunto marido, Juan Delgado, cuando se realizó la demolición de los hatos del Partido de Caguas.[93]

Para cerrar este apartado, destacamos a Antonio Delgado, alias Chambá, esclavo manumitido. En 1817 hizo testamento, en el que nombró por sus universales herederos a sus dos hijos naturales: Francisca, mujer de Juan Canuto, y Francisco. Declaró ser natural de África, y haber sido arriero y esclavo de don Juan Gregorio Delgado. En la cláusula décima del testamento ordenó la fundación de una capellanía por su alma. Para ello, hipotecó las tierras que tenía en la estancia de los Lirios. [94] A pesar de haber sido esclavo, en el testamento de Chambá vemos la mentalidad del hombre criollo en lo relacionado a la muerte.

En 1826 se certificó el deslinde de los hatos Turabo, Lima y Cañabón. Entre los terrenos deslindados se incluyó la estancia de Antonio Chambá, de dos caballerías de área. En ella se encontraban 130 cuerdas

---

[91] *Libertad por precio*. 23 ene 1832. AGPR, FPN, Humacao–Caguas, Eusebio Núñez, 1832-1834, caja 968, fs. 14v-15.

[92] ACDNJC 1E(1730–1770)F47. Defunción de Juan, hijo de Juan Delgado y de Tomasa García; se identifica al padre como moreno libre y a la madre como parda libre.

[93] *Informaciones de Tomasa García*. 28 abr 1828. AGPR; FPN, Humacao–Caguas, Otros funcionarios, 1826–1828, caja 980, folio sin número. El terreno se encontraba en el sitio de Turabo, y colindaba con terrenos de don Esteban Delgado, don Sebastián Delgado, don Pablo de León y don Pablo de Rivera.

[94] *Fundación de una capellanía de 100 pesos a favor de don Manuel Muñoz, interinamente padre cura por [roto] don José Manuel Pérez*. 27 jun 1829. AGPR, FPN, Humacao–Caguas, Otros funcionarios, 1828–1831, caja 981, fs. 39–45.

que poseía Andrés Ba[roto], que había comprado su parte de la estancia al menor Francisco. [95]

Testamento de Antonio Delgado, alias Chambá

En el nombre de Dios todo poderoso, amén. Sepan cuantos esta carta de mi testamento último [roto] voluntad vieren, como yo, es [roto] [f.40] Delgado Chambá, moreno venido de Guinea, [palabra que no se entiende: arriero?] que fui de don Juan Gregorio Delgado y su Esclavo, en el día libre y vecino de este partido de Caguas, hayándome enfermo, en cama, del achaque que Dios ha querido darme, pero en mi sano juicio, memoria y entendimiento natural, creyendo y confesado como firmemente creo y confieso en el altísimo e inefable misterio de la Beatísima trinidad, Padre, Hijo y Espíritu Santo, tres personas realmente distintas, y con diversos atributos, pero un solo Dios verdadero, una esencia y substancia, y en todos los demás misterios y sacramentos que tiene, predica y enseña Nuestra madre la Santa Iglesia Católica Apostólica Romana, bajo de cuya verdadera fé y creencia he vivido y vivo, y protesto [sic] vivía y morir como Católico fiel cristiano, tomando por mi protectora e intercesora a la siempre virgen e inmaculada [Rei]na de los Ángeles, María Santísima, al Santo Ángel de mi guarda, al de mi nombre, y [roto]to[roto] y demás de la Corte Celestial, para que impet[roto]de mi redentor Jesucrito, que por los infinitos méritos de su Santísima vida, pasión y muerte lleva mi alma a gozar de su beti[roto] presencia, temeroso de la muerte [roto] y precisa a toda viviente [roto] yo de mi conciencia [roto] [f.40v] [roto]bamente se expresa – Y[roto] ca una capellanía de ci[en pesos de capital sobre la] [es]tancia de los Lirios, nombrando por capellán de ella para cuando pueda serlo el referido don Manuel Muñoz, quien nombra para [que] la sirva provisionalmente al que es o fuese cura de esta parroquia. Para cumplir y pagar éste, mi testamento, mandas y legados y todo lo en él contenido, nombro por mi albacea testamentario a don Baltasar Muñoz, concediéndole la facultad para que entre en [mis] bienes, y de lo mejor y más bien pasado d[e] ellos, cumpla, pague y ejecute lo que dejo puesto y ordeno, y le prorrogo el término [que] hubiere menester, aunque sea pasado el año p[doblado] del albaceasgo, previniéndole que el menor Tra[doblado]cico [¿?] que tengo a mi cargo, queda a su cu[idado] para que disponga de él según y como convenga [doblado] las circunstancias, tratando para el efecto el Dr. Don Sebastián Ximénez, Juiez Territorial del Partido, que merece mi confianza, y a q[ue] en virtud de lo que presentan las reales disposiciones nombro por contador partidor de mis bienes, presidiendo todas aquellas formalidades [que] questán prevenidas para el acierto. Y que cumplido y pagado de lo que quedare y fueren mis bienes, derechos, acciones, herencias y restituciones, nombro por mis únicos y

---

[95] "Certificación de Antonio Guadalupe Colón". 16 jul 1827. *Doña Manuela Calcaño solicita título de propiedad*. AGPR, Obras Públicas, Propiedad Pública, Caguas, 1819-1879, caja 27, s/f.

universales herederos a mis dos hijos naturales, Francisca, la mujer de Juan Canuto, y a Francisco, que tengo a mi lado, el cual, para evitar toda duda re[doblado] [roto] esta cláusula, quede a la tutela [roto] Sebastián Ximénez [roto] [f.41] de nadie quien cuidará de su educación, alimentos, conservación y adelantamiento de la parte del[roto] nes que se corresponda. Y por éste revoco, anulo y doy por de ningún valor en efecto, otro cualesquier testamento, codicilios, memorias, poderes y otras disposiciones para testar que antes de ahora pareciere haber hecho, por escrito o de palabra, o en otra forma, para que no valga ni hagan fé en juicio ni fuera de él, porque solo quiero que valga y se tenga por mi testamento y final voluntad el que al presente otorgo ante el señor alcalde Dr. D. Sebastián Ximénez, porquien, a falta de escribano real ni público, pasan los instrumentos de Justicia para su firmeza y validación, en Caguas a los doce días del mes de julio de mil ochocientos diez y siete años. Y el otorgante (a quien yo, el referido Alcalde doy fe conozco, así lo otorgó y firmó, siendo testigos presentes don Eusebio Núñez, don Calixto y don Baltasar Muñoz, Bartolo Delgado y don José Saturnino Núñez [ilegible] y firmaron los que supieron, de que doy fé – Antonio Delgado – como testigo y por los que no supieron firmar Eusebio Núñez – como testigo – Calixto [Muñoz]. Por ante mi, Dr. Sebastián Ximénez [roto].

(transcripción)

Tabla 3
La familia de Juan Mateo de los Reyes

Padres

Nombre	Fecha de Nacimiento	Fecha de Matrimonio	Padres	Fecha de Defunción
Juan Mateo de los Reyes	6 nov 1713 Guaynabo	18 abr 1746, Hato Grande	Nicolás de los Reyes y Manuela de Jesús *	Antes de 1808
Rosa Delgado de Santa María	Desconocido		Desconocidos	Antes de 1808

Hijos

Nombre	Nacimiento o Bautizo	Fecha de Matrimonio	Cónyuge y sus Padres	Fecha de Defunción
María Monserrate	Desconocido			4 nov 1766 El Piñal
Catalina	Dic 1747, El Piñal			
Domingo	Sept 1749, El Piñal	5 dic 1808 Caguas	Mónica de Flores, hl de Eusevio y Rafaela María Navarro	
Miguel	29 sept 1751, El Piñal	11 nov 1808 Caguas	Dionisia Delgado, hl de Antonio y Paulina de la Cruz	
Juan	26 feb 1753, El Piñal			
Juan [II]	27 dic 1754, El Piñal			
Julián	27 ene 1756, El Piñal			
Juana	6 feb 1757, El Piñal,	8 oct 1781 Caguas	Ignacio Dinguí, hl de Tomás y María Soledad	
Paula	24 jun 1759, El Piñal			
Petrona	28 jun 1761, El Piñal			
María Isabel	8 jul 1763, El Piñal			

* El 3 de mayo de 1710 bautizaron una hija llamada Isabel en la catedral de San Juan; el bautizo fue registrado en el libro de blancos (1710–1728), folio 34v. En 1710 bautizaron a su hija Isabel, registrado esta vez en el de pardos, morenos y esclavos (1706–1713), folio sin número.

LA REGIÓN Y EL CONTRABANDO

Como vimos, Stark relaciona el comercio irregular con la polarización del Caribe entre islas productoras de azúcar – las inglesas – y las españolas, que pasaron a economías de hato. En la región centroriental, Vieques, el cayo Santiago y Humacao mantuvieron una dinámica de comercio irregular con toda la región. Abbad y Lasierra comentó sobre esta zona:

> A cuatro leguas de Fajardo está el Cabo Piñero, a cuyo frente se descubren las islas de su nombre; las de Cabra, la Culebra, y otras pequeñas, con la de Vieques, que se extiende como cinco leguas de Este a Oeste: está despoblada e inculta; tiene algunos puertos medianos a donde acuden los extranjeros de las islas de Santo Tomás, San Juan, Sant Martín, Santa Cruz, y otras inmediatas, a cortar maderas, y a hacer el contrabando con los de Fajardo, Humacao y otros de Puerto Rico, que van y vienen al abrigo de los hatos, y éste es el motivo verdadero de sostenerlos. [96]

Como veremos, el establecimiento de un capitán a guerra para Buenavista respondió a la actividad de contrabando y a la presencia de extranjeros en Vieques a partir del siglo XVII. Scarano ha señalado la relación entre los hatos y el comercio ilegal al afirmar que "[l]a práctica del contrabando ayudó a difundir los hatos por todo el territorio". [97]

Morales Carrión suma a este cuadro el que "Vieques era un eslabón conveniente para los negros fugitivos de las posesiones británicas". [98] Podemos validar este planteamiento varios bautismos realizados en el Partido de Caguas. Entre ellos, el de Juana, natural de San Tomás, del dominio del rey de Dinamarca, hijo de Juan Pedro y Beatriz, "morenos fugitivos de dicha isla que vinieron esta isla con motivo de ser cristianos"; se realizó en 1744. Además, encontramos el de Miguel, negro libre natural de Angola, "fugitivo que vino de San Tomás con el motivo

---

[96] Fray Iñigo Abbad y Lasierra. Antonio Valladares de Sotomayor, editor. *Historia geográfica, civil y política de la isla de San Juan Bautista de Puerto Rico* (Madrid: Imprenta de don Antonio Espinosa, 1788), 159–160.
[97] *Ibid*, 294.
[98] Morales Carrión, *Puerto Rico y la lucha por la hegemonía*, 102.

de ser cristiano", realizado en Las Piedras en 1745. [99] Cabe señalar que estos "refugiados" no se quedaron en el Partido de Caguas. En 1715 se bautizó en la catedral de San Juan a Juan Gerónimo, "negro adulto de nación mina, que vino de la isla de San Tomás". [100]

Desconocemos cuándo la emblemática familia Delgado obtuvo sus primeros terrenos en la jurisdicción de Buenavista. El 22 de julio de 1671, el cabildo de San Juan daba noticias de la llegada de gente francesa a la costa de la isla derrotados y con necesidad de bastimentos. "Se les hizo buen pasaje en conformidad de los capítulos de las paces, como consta de los autos y visitas que se hicieron sobre su arribada...". Sin embargo, un año después, Alonso Delgado Manso fue multado junto a otros oficiales reales en relación a estos dos lanchones franceses que habían salido de Martinica y llegado a Humacao.

Según indica el cargo, ni el gobernador ni los oficiales reales hicieron reconocimiento de ellos para verificar las causas de la arribada, como debían. A Delgado, quien llevó los lanchones hasta San Juan, se le penalizó "por haber cargado en uno de estos lanchones carnes y cueros, siendo de franceses". La multa fue por 50 pesos a él y a Francisco Calderón, dueño del hato de Buenavista, a cada uno, también mancomunados. [101] La mención solapada al comercio irregular y castigable está ahí.

Una fuente inglesa había recogido también el contrabando en la Isla. En 1774 sostenían que *"[t]his place is better in habited than most Spanish cities, being the centre of the contraband trade carried on by the English and the French with subjects of Spain, notwithstanding the severity of the laws, and the extraordinary precautions taken to prevent it"*. [102]

---

[99] Archivo de la Catedral Dulce Nombre de Jesús de Caguas (en adelante, ACDNJC), Libro Primero de Bautismos que cubre desde 1730 hasta 1766 (en adelante 1B(1730–1766)), folios 49v y 59.

[100] Archivo de la Catedral Nuestra Señora de la Encarnación de San Juan (en adelante, CSJ), Libro Tercero de Bautismos de Pardos (1715–1729), folio 1.

[101] "Informe de los oficiales de la Real Hacienda sobre las lanchas francesas". *Carta de Gaspar de Arteaga, gobernador de Puerto Rico*. 14 jul 1671. AGI, SD 157, R.4, N.101. El expediente mencina los nombres de los seis franceses que llegaron a bordo de la lancha.

[102] *A Description of the Spanish Islands and Settlements on the Coast of the West Indies. Compiled from Authentic Memoirs, revised by Gentlemen, who resided many Years in the Spanish Settlements, and Illustrated with Thirty-two Maps and Plans, Chiefly from Original Drawings Taken from the Spaniards in the Last War, and Engraved by the Late Thomas Jefferys*. Segunda Edición (Londres: Faden and Jefferys, Geographer to the King, the Corner of St. Martin´s Lane, Charing Crofs, 1774), 97.

Pudiendo servir de confirmación para la asociación señalada entre los hatos ganaderos y el comercio ilegal, como resultado de su condenación por el contrabando de telas con tres balandras extranjeras en Ponce, en 1701 se le embargaron sus posesiones al teniente a guerra de Caguas, el capitán Francisco Delgado Manso III, sobrino de Alonso. El detalle del embargo nos abre una ventana muy valiosa para crearnos una imagen de la cotidianidad en los hatos de la región.

En el partido de Caguas, término y jurisdicción de la ciudad de San Juan de Puerto Rico, en veinte y siete días del mes de abril de este presente año de mil y setecientos y uno, yo, Don Juan Bautista Calcaño, vecino de dicha ciudad, estando en el sitio de El Barrero, hato de ganado mayor del capitán Francisco Delgado, que lo es del Partido de Buenavista, para efecto de embargarle sus bienes en virtud del mandamiento y comisión que tengo para ello del Señor Ministro de Campo de Infantería Española, Don Gabriel Gutiérrez de Riva, caballero profeso del orden de Santiago, Gobernador y Capitán General de dicha ciudad e isla, por Su Majestad, con asistencia de los testigos que abajo irán mencionados, y poniéndolo por ejecución, hice el embargo según y como en dicha comisión se contiene y manda en la forma y manera sigueinte:

Embargué primeramente la casa de vivienda del dicho capitán Francisco Delgado, que es de madera y tablas cobijada con yaguas-

Iten. Un negro criollo nombrado Damián que será al parecer de edad de treinta años poco más o menos
Iten. Una silla de jineta con su freno y estrivos de alaton
Iten. Dos arcas pequeñas, sin cerraduras
Iten. Una tinaja grande
Iten. Una docena de platos pequeños
Iten. Un almires de bronce
Iten. Cuatro canderelos de lomunio [¿aluminio?]
Iten. Una atarralla
Iten. Seis botijas
Iten. Una batea grande de cedro y cuatro pequeñas
Iten. Una mesa pequeña y un taburete
Iten. Las ausiones, monterías y criaderos de ganado de cerda y corrales de encerrar el ganado

Iten. Cinco perros de ganado, una lanza, una jarretadera, el hierro de herrar el ganado

Iten. Dos hachas de cortar madera

Iten. Doscientas reses entre grandes y pequeñas

Iten. Diez cabrestos

Iten. Veinte bestias de servidumbre de dicha hacienda

Iten. Cincuenta reses en el hatillo del sitio de Navarro con su corral y casa de vivienda y posesión aparte

Iten. El hierro de herrar, un pilón, una correa de cuajar leche

Y no se hallo otra cosa que poder embargar en dicho hatillo.

Y pasando a reconocer los demás bienes del dicho Capitán Francisco Delgado se halló junto al sitio del Barrero un corralito pequeño de ganado de cerda con treinta cabezas entre pequeñas y grandes, por ser principio de crianza.

Iten. Otro criadero en el sitio de la Lima con una casa de vivienda pequeña, un corral de ganado de cerda, en compañía de Juan Salvador, morador en este partido, el cual declara tiene en dicho corral la mitad de la crianza por haberse así concertado con el dicho Capitán Francisco Delgado, y ser lo que siempre se acostumbra en esa crianza; hallóse en dicho corral sesenta cabezas entre pequeñas y grandes.

Iten. Un platanal que tendrá doscientas sepas

Con lo cual se acabó de hacer el dicho embargo con los bienes arriba declarados, y no se hallaron otros que poder embargar aunque hice diferentes diligencias y de ella fueron testigos Pedro de Mola, Francisco de Torres, y Juan Salvador, moradores de este partido que se hallaron presentes, de que doy fe, y por no haber al presente escribano público ni real que me asista a dicho embargo.

Por ante mi
D. Juan Bautista Calcanio (hay rúbrica) [103]

---

[103] *Causa Criminal seguida de oficio de la Real Justicia, contra algunos moradores del pueblo de Ponce en esta*

La casa en el Hato del Barrero tenía dos niveles; en el segundo estaba "un aposento donde tienen la habitación" donde había "camas con sus toldos". [104] Sobre el sitio de la Lima, debemos señalar que en el listado de barrios de Caguas de 1821 se incluye el de Lima, [105] barrio que pasó al nuevo pueblo de Aguas Buenas en 1838. Este barrio ya no existe.

A raíz del intento de invasión inglesa a través de la boca de Loíza en octubre de 1702, dos meses después del ataque a Arecibo, un testigo reveló actividades de contrabando en la región centroriental. Varias personas que hemos identificado, relacionadas a las milicias y a la administración jurisdiccional del área, se dedicaban al comercio ilegal. Entre estos, Alonso Delgado [Manso], el capitán Juan Felipe Cordero, Antonio López de Arce y Francisco Delgado [Manso]. Todos estos, añadimos, estaban emparentados por sangre o afinidad.

Alonso Delgado, declaró el testigo, había enviado "un caballo de ropa" con Felipe de Santiago – su cuñado – y tenía oculto un negrito de 14 años en el sitio de San Miguel. Cordero, con residencia en Humacao, poseía dos negros de contrabando, y López de Arce – casado con una Delgado – había comprado dos más, y los ocultaba en su hacienda en Las Piedras. El pago de estos esclavos y mercancías se realizó con ganados, bestias, corambre y prendas de plata. [106]

Álvaro Huerga destaca la compra del hato de Buenavista a Francisco Calderón de la Barca por parte del gobernador Juan de Ribera con el propósito de mantener sus actividades de comercio ilegal. Cita una carta del gobernador de 1715:

Isla de Puerto Rico sobre la pesquisa y averiguación del comercio que ejecutaron con tres balandras extranjeras que llegaron a aquel puerto por la Cuaresma. 1701. AGI, SD 537.

[104] *Ibid.*

[105] Oscar Bunker Aponte. *Historia de Caguas, Tomo I* (Barcelona: Editorial M. Pareja, 1976), 266. Establece que el barrio Lima pasó a ser jurisdicción de Aguas Buenas cuando este municipio se desprendió de Caguas en 1838.

[106] Luis E. González Vales. *Gabriel Gutiérrez de Riva, "El terrible"* (San Juan: Centro de Estudios Avanzados de Puerto Rico y el Caribe, y Recinto Metropolitano de la Universidad Interamericana de Puerto Rico, 1990), 135 y 136. Cita a *Testimonio de los autos fulminados por el Maestre de Campo don Gabriel Gutiérrez de Riva, caballero de la Orden de Santiago, gobernador y capitán general que fue de esta ciudad e isla...* 1702. AGI, SD 543. Debemos señalar que consultamos en el Centro de Investigaciones Históricas el carrete que contiene este expediente con interés de indagar en detalles, pero a pesar de haber una pieza identificada como tal, este expediente no está incluido en el carrete.

Compró el gobernador al deán don Martín Calderón [...] una hacienda o hato de ganado mayor opulento en un puerto de esta isla, nombrado Buenavista, que está en frente y cerca de la isla de San Tomás, poblada de daneses. Este puerto es bien nombrado en ese Supremo Consejo de Indias por lo mucho que le ha dado en qué entender con la familia de los Calderones, sus dueños, sobre ilícitos comercios con que ha sido, y lo es grandemente, defraudando vuestro real haber. Por este puerto de Buenavista saca el gobernador [Juan de Ribera] para el gobernador [danés] de isla de San Tomás, su correspondiente amigo, no solo mucho corambre y carne seca, sino caballos, mulas y hasta vacas de leche, de que cargó a fines de abril [de 1713] una balandra llamada La Gloria, la cual, dejando esta carga en San Tomás, cargó más de 10,000 pesos de ropa, de cuenta del gobernador don Juan de Ribera, y se la llevó a vender a la isla de la Trinidad.[107]

La participación de Humacao en esta actividad perdurará hasta por lo menos el siglo XIX, según lo reportan diferentes documentos del gobierno insular. El expediente que recoge las gestiones para trasladar la administración de la aduana de Humacao a las Patillas, comenzados en 1813, nos presentan un cuadro claro de la situación que se vivía en Humacao. El Administrador de la Aduana de Humacao declara en el proceso:

> Siendo uno de los deberes que nos imponen nuestros empleos celar el contrabando y procurar por todos los medios legítimos el aumento de las Reales Rentas, creemos de nuestra primera obligación hacer a V.S. presente que los imponderables obstáculos que se presentan para conciliar estos extremos no sólo entorpecen y obstruyen el comercio que se hace por este Puerto, dando margen a las clandestinas introducciones y extracciones que se hacen por otros varios del distrito, sino a que veamos con mayor sentimiento tan envejecidos males, sin la esperanza de que tengan término alguno permaneciendo en este destino la Adminsitración de Rentas Marítimas...[108]

---

[107] *Excesos del gobernador de Puerto Rico, D. Juan de Ribera.* 17 jun 1714. AGI, SD 566. Citada en Alvaro Huerga, *Episcopologio de Puerto Rico IV. De Pedro de la C. Urtiaga a Juan B. Zengotita (1706–1802)* (Ponce: Universidad Católica de Puerto Rico, 1990), 64–65.

En este proceso, el alcalde de Gurabo presentaría una objeción al traslado diciendo que "no conviene a este vecindario se traslade la administración de Humacao a las Patillas, pues en ningún tiempo este partido de Gurabo, el de Caguas, Juncos y las Piedras hacen su comercio por el indicado Patillas, y sí por el de Humacao y Naguabo, tanto por hallarse éstos tan próximos que en un día se va a ellos con mucho descanso, y queda tiempo casi para regresarse, cuando por lo mejor de los caminos, y que para ir al otro se necesitan cuatro días de ida y vuelta." [109]

Sin embargo, aunque fuera de nuestro corte temporal, un documento de 1859 relacionado a la solicitud para comprar el Cayo Santiago en Humacao arroja muchísima luz sobre la situación geográfica del área que beneficiaba el negocio del contrabando: "[r]esulta de dicho expediente que el citado islote situado en el Puerto de Humacado es el punto escogido con frecuencia por los contrabandistas para depósito de los efectos que se introducen ilegalmente en aquella isla." [110]

Cuando revisamos el documento donde se solicita el traslado de la aduana de Humacao hacia Patillas, el testimonio del alcalde de Hato Grande nos despertó la curiosidad. José Carmona opinaba que el beneficio de trasladar la aduana a las Patillas era "para que se ponga practicable el camino del Espino que conduce a la costa del Sur en menos tiempo que todos los demás que se transitan". [111] Con este dato sabemos que a los señores de hato, que fueron señalados y condenados por sus actividades de contrabando a principios del siglo XVIII, les sería muy fácil mover sus cueros y otras mercaderías desde las monterías del Espino hacia los puertos de la costa del sur de la isla, donde habría aún menos vigilancia que en la de Buenavista, que ya había sido identificada previamente con el contrabando.

Junto con miembros de la Sociedad Puertorriqueña de Genealogía, hemos podido proponer los hatos de varios partidos de la región. Según el expediente para la demolición de los hatos de Puerto Rico en 1786, en el partido de Caguas había once hatos. Estos pudieron ser los siguientes: Hato Grande, Hato Nuevo (actual Gurabo), Ciénaga Mosquitos,

---

[108] *Traslado de la Aduana de Humacao al puerto de Patillas*. 1818–1822. AHN, Ultramar, 1065, Exp. 2, Artículo núm. 10.
[109] *Ibid.*
[110] *Denegada compra del cayo de Santiago*. 1859–1860. AHN, Ultramar 1085, Exp. 43, f.1.
[111] *Traslado de la Aduana de Humacao al puerto de Patillas*. 1818–1822. AHN, Ultramar, 1065, Exp. 2, Artículo núm. 10.

Quebrada Seca, Navarro, Sumidero, San Miguel, Lima, Turabo y Cañabón (todavía se mantenían referencias a él en las demarcaciones del siglo XIX), Juncos, y Piñal. No sabemos si las dos Caguas era un hato, o eran dos. Su demolición en 1781 haría que fuese uno de los que contabilizó Abbad y Lasierra unos años antes.

En el Partido de Humacao, el expediente de demolición registra doce hatos. Estos fueron nombrados individualmente, junto con sus demarcaciones, demolición y repartimiento de tierras: en el actual Yabucoa, La Casa, Maya y Limones; Piedras, Hato Viejo, y La Ceiba, en Las Piedras; Cayures, Peña Pobre y Santiago, en Naguabo; y Antón Ruiz, Coto de Humacao y Buenavista, en Humacao. [112]

En su estudio sobre la llamada rebelión de los capitanes de La Española entre 1718 y 1723, Roberto Cassá reconoce una relación entre la actividad de contrabando y el surgimiento de una solidaridad entre miembros de diferentes grupos sociales en los lugares alejados de los centros de poder. Esta relación se tradujo en el desarrollo de "la acentuación de rasgos culturales comunes a partir del lenguaje, religiosidad, costumbres, vida cotidiana, mentalidades y conceptos de identidad". [113] Podríamos concluir estableciendo, entonces, que la identidad de los habitantes de la región centroriental quedó marcada por el contrabando.

---

[112] *Repartimiento de tierras y propiedades: Puerto Rico. 1774–1790.* AGI. SD 2396, Cuarta Pieza.
[113] Roberto Cassá. *Rebelión de los Capitanes: Viva el rey y muera el mal gobierno* (Santo Domingo: Archivo General de la Nación y Universidad Autónoma de Santo Domingo, 2014), 39.

LA POBLACIÓN

Sobre los primeros años de la historia colonial de Puerto Rico, Moscoso opina que "había tierra en abundancia, y escasa población". [114] Debemos entender los procesos de poblamiento de la zona interior de la isla, incluyendo la región centroriental, en el contexto de la economía general a finales del siglo XVI. En 1575, en relación a la situación de la isla, el goberandor Francisco de Solís señalaba al rey:

> Ella está tan llegada a lo último que los vecinos tan pobrísimos que para conservarla algunos días, es muy necesario que Vuestra Majestad les haga toda la merced que pidieren. Y de otra manera es cierto que se acabaría por momento, y que tengo por ser muy averiguado que dentro de muy pocos días estará despoblada, si no fuera de que algunos vecinos que tienen haciendas raíces que éstos no pueden dejarlas, aunque no sé lo que se harían, viéndose con tanta miseria y trabajos. [115]

En su tesis sobre la Yabucoa colonial, Pedro Vázquez Báez reporta que "el inmenso valle del Guayanés, rico en caña de azúcar y ganadería, estuvo en estado desolado desde la colonización a fines del siglo 16 hasta 1750, en que el Cabildo de San Juan de Puerto Rico realiza las primeras concesiones de terrenos en hatos o criaderos de ganado vacuno". [116] En sus *Apuntes para la historia de Humacao*, el historiador municipal Salvador Abreu Vega establece que "desde principios del siglo 16, el territorio de Humacao fue acaparado por latifundistas que encontraron en las tierras bajas y húmedas, excelentes pastizales muy a propósito para el desarrollo de la ganadería". [117]

Un enfrentamiento entre el Obispo Francisco de Padilla y el gobernador Gaspar Martínez nos ofrece la apreciación del primero sobre los pobladores del interior de la Isla. El obispo había realizado su visita al

---

[114] Moscoso, *Agricultura y sociedad*, 9.
[115] *Carta del gobernador Francisco de Solís al rey*. 13 ago 1575. AGI, SD 155, R.7, N.54, f.1.
[116] Pedro Vázquez Báez. *Yabucoa bajo la dominación española desde su fundación hasta el cambio de soberanía (1793-1898)*. (Tesis 115, Centro de Estudios Avanzados de Puerto Rico y del Caribe, 1993), 38.
[117] Salvador Abreu Vega. *Apuntes para la historia de Humacao* (Santo Domingo: Editora Corripio, 1984), 50.

interior; según señaló, fue la primera que realizaba un prelado en 20 años, "desde el tiempo de fray Benito de Rivas". Por lo completo y claro de su descripción, la citamos profusamente:

> La vida de estos hombres es punto menos que salvajes, porque la barbaridad con que se entregan a cuanto dicta lo sensitivo es abominable, y hallando en sus almas tan hondas las raíces del mal, no me cuesta poco desvelo arrancar la cizaña sin perder el trigo.
>
> Uno de sus trabajos y para mi no pequeño, es no atender los vínculos de naturaleza, y en esto son tan desbocadamente torpes, que casi no había quien los venerase.
>
> Su flojedad a todo lo bueno es igual a la propensión a lo malo, y a estos y los demás daños que he hallado dignos de remedio, me he aplicado, no sólo predicándoles con continuo ardor, sino con los demás medios que ha podido discurrir mi tibio celo, aunque según lo que he penetrado de sus naturales, me inclino más a los de suavidad y blandura, porque si los apretara con demasiado rigor, no había de conseguir lo que hasta aquí, y quedara la tierra desierta de hombres, en gran perjuicio del servicio de VM, para su guarda. [118]

Gil–Bermejo indica que según la llamada *Memoria de Melgarejo* de 1582, "las zonas más habitadas y explotadas de la Isla a finales del siglo XVI eran las riberas de los más importantes ríos, sin penetrar mucho hacia el interior". Incluye entre estos a Loíza, Humacao y Daguao. [119] Sin embargo, para estas regiones no se reporta población en este mismo informe. [120] Esto se debía a que los "moradores" en ellas se contaban como "vecinos de San Juan" para efectos oficiales. El obispo López de Haro nos permite un atisbo a esta situación de población flotante cuando señaló que "en el campo hay muchas estancias y siete ingenios de azúcar, a donde muchos vecinos con sus familias y esclavos asisten la mayor parte del año". [121]

---

[118] "Carta del obispo fray Francisco de Padilla al rey, 13 julio 1685". 1686 y 1687. En *Carta del gobernador Gaspar Martínez*. AGI, SD 159, R.1, N.6, f. 1v.
[119] Gil–Bermejo, *Panorama histórico*, 15.
[120] Fernández Méndez, *Crónicas de Puerto Rico*, 118–119.

Encontramos evidencia de esta realidad de vecinos de San Juan que hacían sus vidas mayormente en los campos en algunas actas de bautismos. Entre algunas, el 26 de junio de 1665 se bautizó a Petrona, hija legítima de Juan Riveros de Acosta y de Juana Jacinta Correa; sin embargo, hacía dos meses que había sido bautizada "en el campo" por el padre Diego López. Los padres de la niña se habían casado en el sitio del Piñal en 1660.[122] El 30 de marzo de 1698 se bautizó a Diego, hijo legítimo de Juan Fontánez y de Isabel de Zamora. En el acta se incluye una nota que indica que Francisco Sanabria, capellán de la ribera de Caguas, le había echado agua por necesidad en aquel lugar. La misma situación se reporta en el bautizo de Gregorio, "al parecer de tres meses", hijo legítimo de Juan de Almeida y de Melchora de los Reyes". [123]

El 24 de septiembre de 1713 se asentó en la catedral el bautismo de Jacinto Roque, hijo de Juan del Rosario y de María de Barbanera, "moradores del Partido de Caguas". El acta especifica que su padrino fue Manuel Fernández de Flores, "quien le echó agua en casa por necesidad y declaró haber tenido la intención necesaria y usado agua natural líquida y observado la forma según el ritual…". Ese año se bautizó también a Juana, hija legítima de Juan Díaz y de Isabel Candosa, "moradores en el Partido de Caguas, echósele agua por su capellán el padre Juan de Funes por haber nacido en el campo". Finalmente, a Catalina, hija de Manuel Muñoz y de Gerónima Díaz, le "echó agua en casa el Padre Juan de Funes, cura del Partido de Caguas, donde nació la susodicha…". [124]

Al parecer, en otras ocasiones el recién nacido era llevado a la Catedral para su bautismo. Este fue el caso de Tomás, hijo legítimo del asturiano Agustín García y de Ana Sebastiana Martínez. Fue bautizado en San Juan el 22 de octubre de 1721; el acta anota que "tenía 31 días por haber nacido en el campo, y le eché agua subcondicione". [125]

---

[121] "Carta del Obispo de Puerto Rico, don Fray Damián López de Haro, a Juan Diez de la Calle, con una relación muy curiosa de su viaje y otras cosas. Año 1644". Eugenio Fernández Méndez, selección, introducción y notas (San Juan: Publicaciones Gaviota, 2007), 166.

[122] CSJ 1B(Blancos 1645–1702)F134v. CSJ 1M(1653–1725)F41; entre los testigos se encuentra Francisco Sanabria.

[123] CSJ 1B(Blancos 1645–1702) fs. 145v y 146.

[124] CSJ 2B(Blancos 1706–1723) fs. 61, 64 y 85.

[125] CSJ 2B(Blancos 1706–1723)F135.

Tabla 4
Memoria de los frutos, reses y dinero que dan los vecinos de los partidos de la isla para la compra de una fragata y una balandra, realizado en 1700: partido de Las Piedras. [126]

Donante	Cantidad
Capitán Alonso Delgado Manso II	100 reales
Alférez Lucas Delgado	50 reales
Sargento Juan Phelipe [casado con María Maraver, que podría ser hermana de Alonso y Francisco Delgado Manso]	40 reales
Cabo de Escuadra Juan de Rivera [debe ser Juan de Rivera Falcón]	24 reales
Cabo de Escuadra Esteban de Rivera	24 reales
Francisco Delgado	16 reales
Juan Sánchez Colón	16 reales
Féliz del Rosario [irlandés que en 1671 residía en la casa del capitán Alonso Delgado Manso I]	16 reales
Joseph Vázquez	4 reales
Domingo Piñero [yerno de Juan Felipe Cordero]	4 reales
Juan de Almeyda y Castro [cuñado del capitán Alonso Delgado Manso]	4 reales
Francisco de Vitoria	4 reales
Féliz Miranda	4 reales
Juan Antonio	4 reales
Diego Vázquez	4 reales
Diego de la Cruz	4 reales
Tomas Antonio	4 reales

Casi 200 años después, Fray Íñigo Abadd y Lassierra reportaba que la parroquia de Caguas tenía hasta 640 almas y quedaba entre los partidos de Río Piedras, Loíza, Las Piedras y Coamo.[127] Humacao, por otro lado, tenía 1,515 almas y estaba dividido en dos partes: una que iba desde las montañas donde nace el río Humacao, donde quedaba la iglesia de Las Piedras (Nuestra Sra. de la Concepción), hacia la desembocadora de Humacao y el otro lado hacia el pueblo de Caguas.

Según los informes de población de la región este en los siglos XVII y XVIII, Humacao era más poblado que Caguas, lo que parece

---

[126] *Memoria de los frutos, reses y dinero que dan entre los vecinos de los partidos de esta Isla para la fábrica y carenas de las dos embarcaciones de Su Majestad que se hallan en este puerto carenando las de firme...* 1700. AGI ESC 125A, f.677v.

[127] Íñigo Abadd y Lasierra. *Historia geográfica, civil y natural de la isla de San Juan Bautista de Puerto Rico* (Puerto Rico: Imprenta y Librería Acosta, 1866), 120.

confirmar que la concentración poblacional, reflectiva de los hatos e ingenios establecidos en ella, se encontraba hacia la costa y no el interior. Después de la Real Cédula de Gracias, cuando se divide políticamente la isla y se segregan varias poblaciones de las de Humacao y Caguas, el segundo es reportado con mayor población que el primero.

Manuel Álvarez Nazario, por su parte, destaca la aportación canaria a las poblaciones puertorriqueñas que se fundaron durante el siglo XVIII, incluyendo a Caguas. Sostiene que "de las 30 poblaciones nuevas que vienen a sumarse entre 1714 y 1798 a los pocos centros urbanos ya existentes desde antes en el país, más de dos terceras partes de las mismas debieron sus orígenes en muy señalada medida al esfuerzo fundacional de los hijos de los canarios". [128]

Tabla 5
Poblaciones reportadas para Caguas y Humacao
(extendido hasta el siglo XIX)

Año	Caguas	Buenavista / Humacao / Piedras	Otros	Fuente
1765	604 vecinos	834 vecinos		Memoria de D. Alexandro O'Reilly sobre la Isla de Puerto Rico, 1765, tabla 3a.
1775	603 vecinos	1409 vecinos		"Estado general, 1775". AGI. SD, 2396.
1778	640 vecinos	1515 vecinos		Historia geográfica, civil y natural de la isla de San Juan Bautista de Puerto Rico Fray Íñigo Abbad
1811	Partido de Caguas: 1,200 vecinos		Hato Grande: 247 vecinos	Carta de Juan Rodríguez Calderón al gobernador en relación al reparto propuesto para Hato Grande. 9 oct 1811. AGPR, FGE, Caguas, caja 421, s/f.
1816	6,422 (Hato Grande, Gurabo y Juncos aparecen separados)	4,179 (Naguabo, Las Piedras, Yabucoa y Manuabo aparecen separados)		Memorias geográficas, históricas, económicas y estadísticas de la Isla de Puerto Rico, Pedro Tomás de Córdova, Tomo III
1818	8,581	4,713		Memorias..., Tomo III
1828	8,381	4,713	Juncos: 3,261 Naguabo: 3078	El Museo de Familias de Barcelona, 1841, Núm. 5, pág. 247
1860	11,540	No disponible		Padrón de habitantes de Caguas de 1860
1878	16,099	13,407		Estudio histórico, geográfico y estadístico... Manuel Úbeda y Delgado

Para Caguas, podemos documentar varios canarios que dejaron numerosa descendencia en la región. El origen de muchos de estos individuos se encuentra en la fallida fundación del pueblo de San Luis del Príncipe en Humacao. [129] Entre ellos se encuentra Felipe del Rosario

---

[128] Manuel Álvarez Nazario. *El habla campesina del país. Orígenes y desarrollo del español en Puerto Rico* (Río Piedras: Editorial de la Univesidad de Puerto Rico, 1992), 24.

Donis. Luego de la desastrosa experiencia de este grupo de canarios, Donis casó en Hato Grande el 13 de septiembre de 1738 con Francisca Carrasquillo,[130] con quien tuvo al menos once hijos. Felipe murió en Caguas el 12 de febrero de 1807, a los 102 años.[131] Sus descendientes se concentraron en los pueblos de Gurabo, Caguas y San Lorenzo. [132]

El primer libro de defunciones del Partido de Caguas (1730–1770), que recoge gran parte de la región centroriental, aparecen 46 negros esclavos o libres; entre 334 actas, estos representarían el 13.8%. Una de estas actas ofrece información muy interesante sobre un cimarrón. El 8 de noviembre de 1768 fue enterrado en la iglesia del Piña "un moreno" esclavo de don Tomás Dávila. Según lee la nota del cura regente,

> andaba fugitivo por los montes de este dicho partido y yo, dicho cura, bauticé con su consentimiento, habiéndole antes instruído el modo que lo permitió la extrañeza de su lengua por estar en peligro de muerte en el fin el Santo Sacramento que le administraba. No le adminisré el sacramento de la extramaunción porque no pareció ser necesario al momento por dar tiempo las heridas de que murió, y decirme estaba alentado, y después de improviso, murió. [133]

En cuanto a la población indígena en el siglo XVIII, encontramos a Juan, "indio forastero", que falleció y fue enterrado en El Piñal en 1749. [134]

---

[129] La experiencia de este grupo de familias canarias está analizada en uno de los ensayos que acompaña el catálogo de canarios que se establecieron en Puerto Rico: Norma Feliberti Aldebol. "Fundación, desarrollo y ocaso de San Luis del Príncipe de Humacao. Sus familias pobladoras". Sociedad Puertorriqueña de Genealogía. Colección de Genealogía e Historia, Tomo I. *La aportación de los canarios a la familia puertorriqueña* (San Juan: Sociedad Puertorriqueña de Genealogía, 2011): 53–69.

[130] Catedral Dulce Nombre de Jesús de Caguas (en adelante, CDNJC) 1M(1730-1774)F6v.

[131] CDNJC 4E(1801-1810)F139.

[132] Para identificar los descendientes de Felipe Donis, sugerimos revisar los primeros libros de la Catedral Dulce Nombre de Jesús, que comienzan en 1730. Estos libros recogen los sacramentos que recibieron los hijos y nietos de Felipe Donis, aunque hubiesen morado en San Lorenzo o en Gurabo, cuyas parroquias no fueron establecidas sino hasta 1811 (Nuestra Señora de las Mercedes) y 1822 (San José), respectivamente.

[133] ACDNJC 1D(1730–1770)F59.

[134] ACDNJC 1D(1730–1770)F18.

Tabla 6
Moradores en el Partido de Caguas cuyos hijos están registrados en los libros de bautismos de la Catedral de San Juan

Pareja	Bautizado	Fuente
Francisco Sedeño y de Juana de San Juan	Clemente	1BF135v
Martín de Carrasquillo y Mariana Delgado	María del Carmen	1BF140v
Juan Antonio Álvarez y Juana María del Rosario	Francisco	1BF142v
Diego Fontánez y Juana Delgado	Diego,	1BF145v
Juan de Almeyda y Melchora de los Reyes (Ortiz, de Rivera)	Gregorio, María, Beatriz	1BF146
Francisco Díaz y Catalina María Delgado	Sebastián Bernardo	1BF147v
Nicolás García y Ana de Guzmán (casados en Caguas en 1686)	Esteban	1BF148v
Francisco Díaz y Catalina Delgado	Sebastián Bernardo	1BF148v
Alonso Delgado Manso y María Ortiz	María	1BF164v
Bartolomé Díaz (castellano) y Casilda María González (canaria)	Eufemia María, Paula de la Encarnación, Sebastián y Lucas	2B(B)F18v
Mateo Manuel Díaz/Benítez y Catalina Sedeño Báez	Antonio	2B(B)F23v
Manuel Fernández y de Flores y Leonor María/Manuela	Hipólito	2B(B)F40
Juan Díaz e Isabel Cardosa/Candosa	Juana	2B(B)F61
Ciprián del Río Velasco y Juana de la Cruz	María de la Trinidad	2B(B)F61v
Juan Felipe [Cordero] y María de la Rosa [Delgado]	Ana, Sebastián	2B(B)F63, 102
Juan del Rosario y María de Barbanera [Sánchez]	Jacinto Roque, Leonor, Damiana	2B(B)F64
Diego de la Cruz y Margarita de la Cruz o de la Encarnación	María de la Cruz	2B(B)F64
D. Juan de la Rosa y Da. Catarina de Rivera Falcón	Juan, Antonio de la Rosa Falcón	2B(B)F83–83v
Manuel Muñoz y Gerónima Díaz de Ávila	Catarina, Bernardina	2B(B)F85v
Nicolás Francisco Carmona y María de la Trinidad Saldaña	Josefa Carmona Saldaña	2B(B)F96
Pascual Francisco Aguiar y Catalina González/Rodríguez Cupido (ambos canarios)	Bernabé	2B(B)F98
Pedro de la Concepción del Rosario y Catalina Serafina de Castro	Jacinta	2B(B)F125
Juan Álvarez de Sevilla y Juana Pérez Vicente	Rosa	2B(B)F114–114v
Josef de la Cruz Valentín y Leonor González	Baltasarra	2B(B)F137
Bernabé García y Graciana Rodríguez, mulatos libres (bautizó el padre Amaro Delgado, cura del Partido de Caguas, 1688)	Pedro	1B(PNE)F35v
Francisco Díaz y María de Belén	María	1B(PNE)F118v
Julián Joseph López y Marcela Martín	Francisca Manuela, Félix Rafael	1B(PNE)F120; 2B(PNE)F16

Francisco Vázquez y Ana Catalina	Leonor Gregoria, Bernabé, Pascuala, Pedro	2B(PNE)F s/n; 3B(PNE)F s/n
Juan Antonio Sánchez		2B(PNE)F s/n
Joseph Vázquez y Juana López	Tomás	1B(PNE)F132v–133
Diego Baladas y Catalina Sedeño/Báez	Paula	1B(PNE)F139v
Josefa [sin apellidos]	Julián	1B(PNE)F146v
Lázaro Ramos		1B(PNE)F146–146v
Josef Velázquez y Polonia de la Concepción (de Jesús)	Josef, Sebastián	2B(PNE)F s/n, 3B(PNE)F s/n
Juan [roto] y M[roto] Carrasquillo	Juan	3B(PNE)F s/n
[roto]b[–]l Velázquez y Teresa García	Silvestra	3B(PNE)F s/n
Ana Nicolasa [sin apellido]		3B(PNE)F s/n
Nicolás García y Juana María [Salvador]	Dámaso	3B(PNE)F s/n
Teresa García	Domingo	3B(PNE)F s/n
Domingo Carrasquillo y María Álvarez	Juan Luciano	3B(PNE)F s/n
Domingo Alexandro y Juliana de Castro Maurero	Francisca, Marcela	3B(PNE)F s/n
Diego del Rosario Algarín y Bernardina Saldaña	Simón	3B(B)F5v
D. Antonio Delgado y Da. Juana Jacinta Colón/de Rivera	Juan Delgado Colón	3B(B)F7
D.Juan de Rivera Falcón y da. Isabel María de Almeyda	Juan Ventura de Rivera Almeyda	3B(B)F73v
Diego de la Cruz y Gregoria de Castro	Juan Joseph, Juana	4B(B)F34v, 127
Bernardo de Rivera y Petronila del Rosario	Domingo	4B(B)F120
Juan Ramos de Rivera y Simona Benítez de los Santos	Juan	4B(B)F137

Fuentes: CSJ: 1B (Blancos 1645–1702), 2B (Blancos 1706–1723), 3B (Blancos 1723–1738), 4B (Blancos 1738–1757), 1B (Pardos, Morenos y Esclavos 1672–1706), 2B (Pardos, Morenos y Esclavos 1706–1714), 3B (Pardos, Morenos y Esclavos 1715–1729).

DISTANCIAS Y CAMINOS

Rodríguez López hace referencia a la propuesta de Tió de que "los españoles seguían en sus caminos reales el derrotero de las antiguas veredas de los indios". Además, reforzando su propuesta de la existencia de la relación espacial entre los valles centrales – el de Caguas, en nuestro caso – y las costas a través de los ríos, enfatiza su relevancia para la comunicación y transportación en los tiempos precolombinos. [135]

La distancia a caballo entre Caguas y Humacao queda reportada por el capitán Francisco Delgado Manso. Sobre la localización de residencia en relación al Hato de Buenavista y la boca del Río Humacao, declaró que "vive la tierra adentro, distante como seis leguas poco más o menos que son seis o siete horas de camino...". A un promedio de 3.3 millas por legua, la casa de Francisco Delgado Manso se encontraría a aproximadamente 21 millas de la boca el Río Humacao. [136] Un documento de 1819 nos revela la ruta que habría seguido Delgado Manso en su viaje de Humacao hacia su casa.

La "ruta ordinaria" de Humacao a San Juan cubría los siguientes pueblos: Humacao, Las Piedras, Juncos, Gurabo, Caguas, Río Piedras, Cangrejos, hasta la Capital. [137] Comúnmente se seguían las riberas de los ríos para ir de un pueblo a otro por el interior de la isla. Si caminamos desde Humacao veintiuna millas hacia el interior, llegamos sin dudas a Caguas, habiendo seguido las riberas de los ríos Humacao, Valenciano, Gurabo y Loíza.

La mencionada ruta sería confirmada por Fernando Miyares en su crónica. Sobre la localización y accesos de Humacao, señaló que "[h]ay camino en derechura a la ciudad de Puerto Rico, que atraviesa por Caguas y Río Piedras, que constará de nueve leguas". De paso, abona a la controversia sobre la preminencia de la población de Humacao frente a la de Las Piedras, especificando que la iglesia y 20 casuchas de la primera están en una pequeña loma llamada Las Piedras, pero presentadas bajo la jurisdicción que llama "Humacado". De Caguas a San Juan habría siete

---

[135] Rodríguez López, *Crónicas taínas*, 86 y 84.

[136] *Autos fulminados por el Maestro de Campo Gaspar de Arredondo en vista de una Real Cédula de SM* AGI. Escribanía,125B, Pieza 22, fs. 725v–728.

[137] *Carta de José Regueras al gobernador enviando noticias de parte de d. Antonio Manuel Pacheco.* 15 oct 1819. AGPR, FGE, Serie: Municipios; Sub-Serie: Humacao, caja 469. Legajo sin número.

leguas más, con el único inconveniente de que el camino obligaba al viajero a atravesar el río de Loíza quince veces. [138]

Por el embargo de bienes que se hizo al capitán Francisco Delgado Manso en 1702 sabemos que el viaje de la isleta de San Juan hasta el Barrero tomaba diez horas. [139] En 1849, Rafael de Sevilla trazaría los caminos entre San Juan y Ponce, anotando las subidas y las bajadas, los cuerpos de agua que había que cruzar, y las estancias que encontraba en su camino. Acompañó esta ruta con hermosas ilustraciones de los pueblos y sus caminos. [140]

Las grandes distancias entre los centros urbanos y las estancias donde residían los moradores de la región centroriental quedaron mencionadas en una reseña sobre la visita del obispo de Puerto Rico, Gil Esteve, a su diócesis en 1850. Reflexionaba: "[s]i el sistema de población de Puerto Rico, que es el de vivir los habitantes esparcidos por los campos, es perjudicial bajo mil aspectos a otros tantos intereses, no lo es menos a la moral cristiana, tan unida a la recepción de los Santos Sacramentos".

En relación a la visita al pueblo de Naguabo, añade "[d]e esas largas distancias que separan a las familias del centro de los pueblos y de la Iglesia, resultan dificultades para asistir al Santo Sacrificio de la misa, no escuchar una explicación del Evangelio o del catecismo, y lo que más hace a nuestro asunto, no cumplir con el precepto eclesiástico de la confesión y comunión anual". [141]

---

[138] "Noticias particulares de la Isla y Plaza de San Juan Bautista de Puerto Rico. Actual estado, noticia de los pueblos siguiendo de norte a sur, y diferencia que se advierte según el antiguo estado de plaza e Isla y el presente, por Fernando Miyares González. Año 1775". Eugenio Fernández Méndez, selección, introducción y notas. *Crónicas de Puerto Rico. Desde la conquista hasta nuestros días (1493–1955)* (San Juan: Publicaciones Gaviota, 2007), 301–302.

[139] *Causa Criminal seguida de oficio de la Real Justicia contra algunos moradores del pueblo de Ponce en esta isla de Puerto Rico sobre la pesquisa y averiguación del comercio que ejecutaron con tres balandras extranjeras que llegaron a aquel puerto por la Cuaresma*, 1701. AGI, SD 537.

[140] *Itinerario topográfico y de longitud desde la Capital de Puerto Rico hasta el pueblo de Ponce, con los croquis de los lugares más notables, formado sobre la marcha por el coronel don Rafael de Sevilla y el capitán de Artillería graduado de comandante don Juan Ojeda, ambos comisionados al efecto por orden del Excelentísimo Señor Conde de Mirasol, capitán general de esta isla. En el mes de mayo de 1845* (sin fecha ni lugar de publicación).

[141] "Reseña de la visita pastoral del obispo de Puerto Rico en su diócesis". *El Católico*. Madrid, Núm. 3510 (20 ago 1850), 326. El artículo contiene detalles de las visitas a varios pueblos, al igual que menciones interesantes de datos, como la reedificación de la iglesia de San Lorenzo, que se puso en uso con la mencionada visita. Además, reporta que en los barrios más distantes de Caguas, Quebrada de Arenas y Culebras, se construirían

Imagen 1
Mapa de caminos en Puerto Rico, siglo XIX

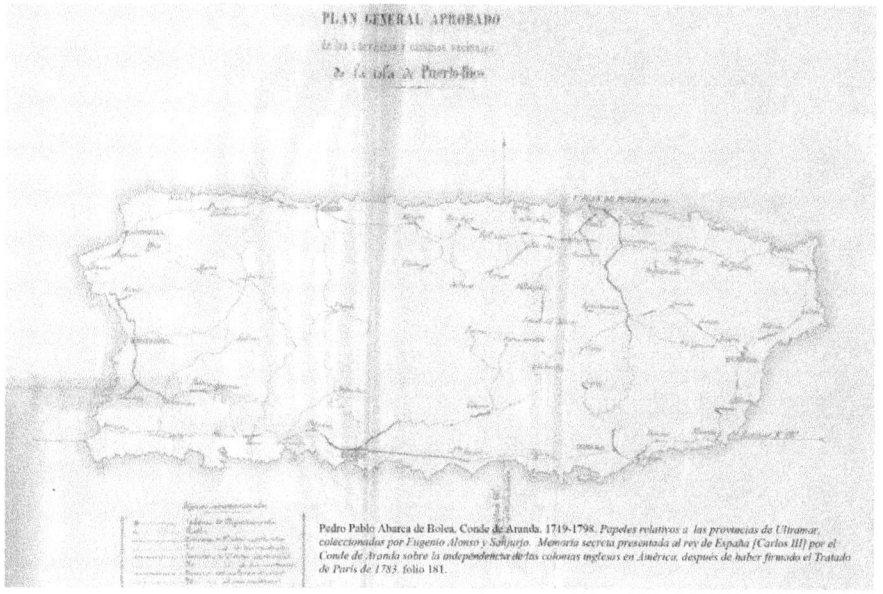

dos iglesias auxiliares.

Jurisdicciones:
¿Caguas, Barrero, Humacao o Las Piedras?

Buscamos pistas sobre el origen de la región, y sus puntos de mayor relevancia a nivel administrativo en la documentación disponible, que se enfoca principalmente en los eventos de la ciudad de San Juan, con escasas referencias al interior de la Isla. En su relación de méritos de 1546, Francisco Juancho menciona la banda del sur, donde se encuentran Humacao, Guayama y Yabucoa, y añade que en el valle de Humacao había diez haciendas. Declara tener una hacienda en Guayama, con al menos 100 personas. Esto quiere decir que aunque pensamos que la costa sureste se encontraba deshabitada en el siglo XVI por la amenaza de los Caribes, ya había centros poblacionales en el área, representados por haciendas, además de ingenios y hatos.[142]

En las Constituciones Sinodales de 1645 se reporta Caguas en relación al pago de diezmos. Bajo la Constitución 97 titulada "Del modo, orden y adonde se han de pagar los diezmos en este Obispado y sus anexos", se incluye el diezmo por ganados vacunos, yeguas, potros y demás bestias de carga. El pago por becerros se establece de la siguiente manera:

> desde el río de Toa, por la parte del Norte, y desde el río de Luisa, inclusive en contorno, hasta esta ciudad, a dos pesos por cabeza, y de allí adelante, hasta la marisma, y río de Sibuco, por la parte del Norte, y del Sur, hasta Caguas, a razón de doce reales, y desde dicho Sibuco, hasta la jurisdicción de San Germán, a peso, y lo mismo desde el dicho Caguas, hasta dicha jurisdicción de San Germán, por la parte del sur.

Las demarcaciones del Toa por el norte y el Loíza sirvieron, asimismo, para el establecimiento las jurisdicciones de los Alcaldes de la Santa Hermandad, o jueces de la tierra adentro, como también se les conocía.

Sobre el ganado caballuno, se menciona nuevamente Caguas: "[y] así mismo se declara que estas seis leguas, en quien o se ha de descontar a los diezmadores el costo de dicha conducción, corren por la parte del Sur, desde la boca del Río Grande, corriendo por el Valle de Caguas, y por la

---

[142] AGI, PAT 51, N.1. También Moscoso, *Juicio al Gobernador...*

Banda del Norte, desde la boca de Sibuco, a Bayamón, y Toa arriba corriendo, derecho a la parte del Sur, y de estos linderos a esta ciudad". [143]

Reconociendo que la región centroriental debió actuar como un "todo", Salvador Padilla propone su integración y sincronía con las políticas administrativas y militares centrales. Sobre esto sostiene: "[l]a primera división administrativa para el territorio ya existía en la segunda mitad del siglo XVII [con] una jurisdicción local de carácter aparentemente militar (una excepción del régimen de administración local) en el área de Caguas-Buenavista (Humacao) que incluía el valle y toda la costa este del país". [144]

En una carta de 1691 sobre las defensas de la Isla ante la amenaza de franceses, ingleses y holandeses, el gobernador Gaspar de Arredondo hace un recuento de los partidos y pueblos que tenían líderes milicianos. En el partido de Buenavista se reporta un capitán de infantería, Francisco Delgado Manso, a quien se refiere como el Capitán a Guerra "de las partes cercanas a Vieques". [145] Morales Carrión subraya esta relación y afirma que "Puerto Rico se convirtió en una base de operaciones muy útil para atacar los establecimientos en las Antillas Menores", y enumera expediciones contra Santa Cruz en 1635, 1637 y 1641. [146] Debemos enfatizar el hecho de que estos ataques se hacían desde Humacao. Así, esta zona de nuestra región mantuvo su carácter defensivo militar; de caribes, el enemigo pasó a ser el extranjero.

Aparte de San Juan, en Puerto Rico en 1691 había ocho partidos con sus tenientes a guerra; a saber, la boca de Loíza; Buenavista, ya mencionado; el Toa; el valle de Coamo; el pueblo de Ponce; la villa de San Germán; el puerto de la Aguada; y el Arecibo. [147] El gobernador Arredondo especifica que en cada uno de los últimos cinco había un teniente y capitán a guerra. Sin embargo, en la boca de Loíza había un capitán que servía juntamente el puesto de Alcalde de la Santa Hermandad (Don Juan Caballero).

---

[143] *Gobernadores de Puerto Rico y Filipinas manden documentos eclesiásticos*. Archivo Histórico Nacional (en adelante, AHN), Ultramar, 2030, Expediente 6 , fs.132–134.

[144] Salvador Padilla Escabí. "El poblamiento de Puerto Rico en el siglo XVIII". *Anales, Revista de Ciencias Sociales e Historia de la Universidad Interamericana*, Vol 1, núm. 1-2 (1985), 102.

[145] *Carta del gobernador Alonso de Campos Espinosa al Rey*. 15 septiembre 1677. AGI, SD 157, R.7, N.183.

[146] Morales Carrión, *Puerto Rico y la lucha por la hegemonía*, 64.

[147] *Relato del motín de soldados de Puerto Rico*. 1691. AGI, SD 161, R.1, N.1.

En el partido de Buenavista había un capitán de Infantería (Francisco Delgado Manso); y en la ribera de Toa otro Alcalde de la Santa Hermandad; el gobernador se refería a esta gente como "toda la gente miliciana del campo, villa y pueblos a quienes que tienen despachadas órdenes generales...". [148] Tenemos que señalar que para este periodo no encontramos capitanes de infantería ni tenientes a guerra de Caguas. Caguas quedaba administrada de alguna manera por los alcaldes de la Santa Hermandad.

En Humacao se encontraba la base de la patente de capitán de la gente de Buenavista que le fue otorgada a los hermanos Delgado Manso en 1678. [149] En el problema que surgió con los canarios en el poblado de San Luis Príncipe de Humacao, se identifica al Capitán Antonio Delgado Manso como capitán del territorio de Humacao. [150]

Un dato interesante sobre el intercambio de nombres para la zona administrativa compuesta por Caguas y Buenavista es que en el primero no aparece teniente a guerra en los informes del siglo XVII, pero en el segundo sí. Creemos que este dato sería contundente para identificar a Buenavista como eje de poder y poblacional de la zona centroriental. En la misma carta donde el gobernador Gaspar de Arredondo lista los pueblos, villas y campos, menciona que envió a las Cabezas de San Juan unas naves, y "el Capitán de aquel partido, Francisco Delgado Manso", le avisó no haber visto unos barcos franceses que costeaban por el sur de la isla. [151] El gobernador se refiere a la Cabeza de San Juan como parte del partido de Buenavista.

Para conocer la existencia y relevancia de diferentes puntos jurisdiccionales de la región, nos ha sido de sumo valor el expediente con las informaciones que Alonso Delgado Manso presentó en 1675. Además de la mención de sitios y parajes, las comisiones y testimonios que incluiremos nos descubren los usos de éstos. Uno de los testigos que Delgado Manso presentó en 1678, cuando solicitaba mercedes a raíz de su combate contra enemigos ingleses que entraron a un hato en Buenavista a robar, declaró que este había sido "nombrado por cabo de la gente de los

---

[148] *Expediente sobre la necesidad de género y municiones para la tropa y embarcaciones de Puerto Rico.* 1691. AGI, SD 160, R.1, N.2.

[149] *Cartas de particulares. Alonso Delgado Manso.* 1675 y otros. AGI, SD 171, folio sin número.

[150] *Comisiones de la gobernación de Puerto Rico.* 1724. AGI, ESC 141C.

[151] *Cartas de particulares. Alonso Delgado Manso.* 1675 y otros. AGI, SD 171, folio sin número.

sitios de Buenavista y Humacao, por ser sitios donde el enemigo ordinariamente asiste a hacer carne y prevenirse de ella y de otros menesteres…". Otro testigo se refirió al lugar como "sitios muy combatidos de los enemigos por ser fértiles de carne y otras cosas de que necesitan". Otro añadió que por esta situación se tenían "cada día choques con [el enemigo]". [152]

En el nombramiento que recibió Delgado Manso en 1667 de parte del gobernador Gerónimo de Velasco para ejercer como cabo de la gente de guerra de Buenavista, hay referencias a Caguas como paraje, distrito y partido, al cual respondían los otros dos lugares. La utilización libre de estos términos jurisdiccionales abonan a una posible confusión.

> Por cuanto conviene a la guardia y custodia de esta Isla que en el **paraje** de Caguas haya persona de todo cuidado que esté por cabo de la gente que vive en su **distrito** para que en las ocasiones que se ofrezcan de intentar el enemigo saltar en tierra en algún puerto de aquella costa disponga la defensa en la forma que más convenga, por la satisfacción que tengo de Alonso Delgado, vecino de dicho Caguas, le nombro por el presente por cabo de aquella costa para que en la conformidad dicha disponga de todos los vecinos de aquel **partido** tengan armas para su defensa y los que tuvieren esclavos en la misma conformidad y caso que el enemigo llegue guarneserá los puertos de modo que se le impida el saltar en tierra, dándome cuenta de todo lo que se ofreciere y embarcasiones que se dejaren ver y rumbos que tomaren y asímismo mando a todos los vecinos referidos obedecer las órdenes que le dicho Alonso Delgado les diere en razón del contenido de esta orden…[153]

En otro nombramiento por parte del gobernador Gaspar de Arteaga en 1671 se refiere al lugar como "los parajes de la costa de esta Isla de los sitios de la boca de Santiago, Jumacao y Buenavista". Hay una conexión interesante entre Caguas y estos lugares. En el acta anterior, se establecía a Delgado Manso como vecino de San Juan. En esta se menciona como "morador y asistente en dichos parajes".[154] Volvemos a

---

[152] *Ibid.*
[153] *Cartas de particulares. Alonso Delgado Manso.* 1675 y otros. AGI, SD 171, f.olio sin número.

encontrar la utilización libre de nombres para diferentes puntos de la región centroriental.

Como si lo anterior fuera poco, en una comisión que recibió Delgado Manso del gobernador Baltasar de Figueroa y Castilla en 1674, se mencionan otros puntos de la región en función de un temporal que pasó por la Isla el primero de octubre de ese año. En él, se mencionaba que "estarán cerrados los caminos que hay desde Sabana Junco hasta el sitio y paraje que llaman de Buenavista, jurisdicción de esta ciudad [San Juan], por donde se conducen y traen a ella los ganados y bastimentos que se traen de dicho partido para el sustento y abasto de esta república y su presidio". [155]

En las instrucciones dadas a Delgado Manso, se le ordena "abrir los caminos reales que hay desde la dicha Sabana Junco hasta Buenavista". Regresando a Juncos, debemos subrayar que en el repartimiento de solares que siguió la demolición del Hato Nuevo, a lo largo del río Gurabo, se menciona al "sitio de Juncos, en las márgenes del río de Gurabo". En el repartimiento a Francisco Lorenzo de Rivera se especifica "sitio de Juncos, jurisdicción de Humacao". [156]

Una es exclusiva: se dirige a tres individuos, a quienes se refieren como que "residen en el paraje de Caguas"; estos objetaban las órdenes de Delgado Manso, que era cabo de la gente de los parajes mencionados. Más adelante, aclara que cualquier oposición será castigada "sin que les pueda valer el decir que son moradores en el valle de Coamo y que asisten en él en las ocasiones que se ofrecen del servicio del rey, nuestro señor, porque si son moradores en el dicho valle asistan en él y si en el dicho de Caguas, hagan lo que les tengo ordenado". [157] Caguas y Coamo eran puntos claramente diferenciados.

---

[154] *Ibid.*
[155] *Cartas de particulares. Alonso Delgado Manso.* 1675 y otros. AGI, SD 171, folio sin número.
[156] *Repartimiento de solares del Hato Nuevo.* 1779. AGPR, FGE, Asuntos Políticos y Civiles, Caja 187 Tribunal de Gobierno, 1754–1824.
[157] *Cartas de particulares. Alonso Delgado Manso.* 1675 y otros. AGI, SD 171, folio sin número.

Diagrama 1
Los Delgado Manso y el traspaso de la Capitanía de la gente de guerra de Buenavista y la Tenencia a Guerra del Partido y Pueblo de Caguas

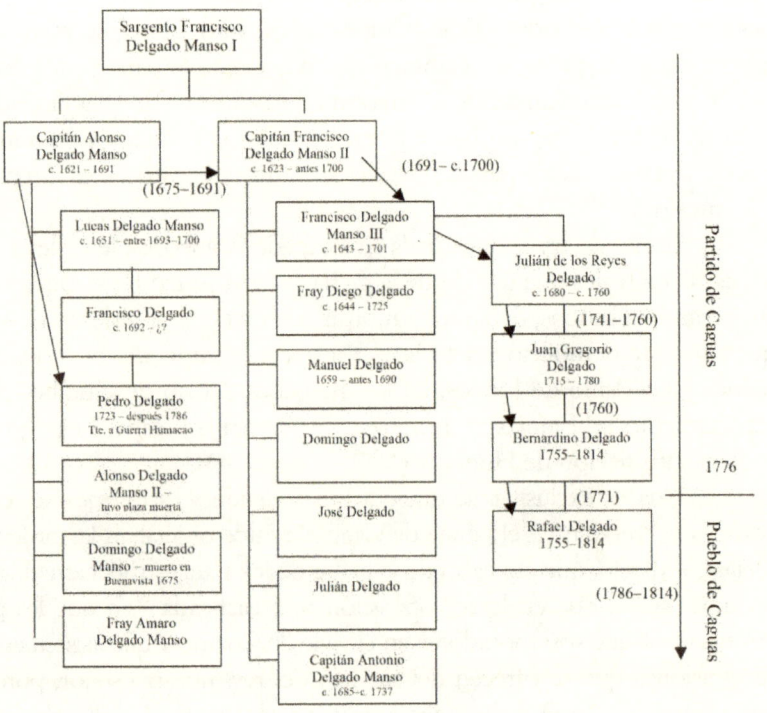

Caguas vuelve a clasificarse como paraje, pero tomando la titularidad del distrito que antes se dio a Buenavista. En otra comisión que el gobernador Baltasar de Figueroa y Castilla dio a Delgado Manso en 1674: señala "[p]or cuanto conviene a la guardia y custodia de esta isla que en el paraje de Caguas haya persona de toda calidad que esté por cabo de la gente que vive en su distrito para que en las ocasiones que se ofrezcan de intentar el enemigo saltar en tierra en algún puerto de aquella costa, disponga la defensa en la forma que conviniere…".

Una segunda comisión es inclusiva y suma a los lugares ya mencionados otro más: la ribera de Loíza. Las instrucciones señalan "ordeno a Alonso Delgado Manso, vecino de esta ciudad, que luego al instante y sin dilación alguna se parta al dicho sitio llevándose consigo todos los vecinos y moradores del río de Loíza, Caguas, Jumacao y otros cualesquiera que encontrare, a los cuales mando obedezcan sus órdenes". Lo que queda meridianamente claro es que el distrito de Caguas o Buenavista tenía una función defensiva.

Otro hecho que abona a la confusión sobre los centros principales de la región es que al parecer se intercambiaba el nombre del partido que cubría desde Caguas hasta Humacao, llamándose Buenavista, Las Piedras y Caguas. Sin embargo, varios documentos nos señalan que Buenavista era el partido con teniente a guerra, y los sitios de Caguas le pertenecían. En el testimonio del alférez Francisco Delgado Manso, que fue enviado por el partido de Buenavista a dominar a los soldados alzados en 1691, este menciona que "salió del sitio del Barrero con dicho número y llegado al río de Luisa...".[158]

Parecería que el sitio del Barrero pertenecía al partido de Buenavista. Según Rafael Torrech San Inocencio, "[e]l sitio no era un poblado ni una aldea, era meramente un lugar que por alguna razón había desarrollado un carácter propio -ya no genérico- y por tanto mereció un topónimo o nombre de lugar particular. Su evolución a pueblo fue muy variable".[159]

En el primer libro de matrimonios de la catedral de San Juan, varios de los que se registran en el último cuarto del siglo XVII se identifican como realizados "en el valle de Caguas", "sitio del Piñal" o "el partido de Caguas".[160] Inclusive en el relato del motín de soldados de 1691, en uno de los testimonios tomados por Pedro Sánchez de Matos sobre los motivos por los cuales abandonaron las filas y se regresaron a sus casas, un testigo dice que "ellos iban con mucha voluntad, mas que como encontraron la gente de Coamo, y supieron que los del partido de Caguas también se habían vuelto..."; otro también menciona el partido de Caguas.[161] Sin embargo, el gobernador de Arredondo se refiere al partido de Buenavista[162].

En la investigación que realizó el capitán Francisco Delgado Manso por orden del gobernador, el documento comienza de la siguiente manera: "En el partido de Buenavista, término y jurisdicción de la ciudad de Puerto

---

[158] *Motín de los soldados de Puerto Rico*. 1692. AGI, SD 161, R.1, N.1.
[159] Rafael Torrech San Inocencio. *Los barrios de Puerto Rico. Historia y toponimia* (San Juan: Fundación Puertorriqueña de las Humanidades y Colección Dr. Arturo Morales Carrión, 1998), 45.
[160] CSJ 1M(1653-1725) fs.41 y 173v a 175v, y 184v.
[161] *Relato del motín de soldados de Puerto Rico*. 1691. AGI. SD 161, R.1, N.1, fs. 223 y 226.
[162] *Ibid*, f.229.

Rico, en doce días del mes de enero de mil seiscientos noventa y dos, yo, el Capitán Francisco Delgado Manso, que lo soy de dicho partido...". [163] En la demanda a Juan Fernández Franco de Medina, Julián Delgado se identifica como residente del partido de Humacao, pero residía en la ribera del río Caguas. [164]

El expediente de 1723 que recoge los intentos de fundar una población con el nombre de San Luis del Príncipe se refiere a la zona como "el sitio que se dice de Buena Vista y Humacao". [165] Para complicar más las cosas, en un Cabildo de 1732 donde se presentaron las listas de vecinos "de los pueblos de la isla" para derrama de gastos aparece Caguas pero no Humacao ni Buenavista.[166] En sus *Memorias*, Pedro Tomás de Córdova reporta que en 1759 existían en Puerto Rico dieciocho "*poblaciones*", entre las que incluye a Piedras, pero no a Caguas.[167]

Salvador Padilla Escabí, citado por el historiador Ángel López Cantos en su obra *Los puertorriqueños: mentalidad y actitudes (siglo XVIII)*, afirma que uno de los nuevos partidos fundados en el siglo XVIII fue el de Caguas-Buenavista, en 1712 o antes. Esto explicaría la utilización indistinta de los nombres para designar una misma área geográfica y administrativa. Las Piedras se reporta como fundado en 1759, Yabucoa en 1792, Naguabo en 1793 y Humacao en 1794. [168]

Estos datos señalan a la posibilidad de que no hubiese una diferencia marcada o reconocida entre ambas regiones a principios de siglo. Las iglesias o ermitas de Humacao y Las Piedras se fundaron también entre 1721 y 1724 para los pobladores isleños[169]. Por lo tanto, hace posible que lo

---

[163] *Ibid*, f.230.
[164] *Demanda contra los herederos de Juan Fernández Franco de Medina*. 1700. AGI, ESC 126A, Núm. 2.
[165] *Autos originales y demás diligencias hechas por el Sargento Mayor Don Francisco Danio Granados Gobernador y Capitán General de esta isla sobre el asiento y población de las familias de Islas Canarias que se remitieron a esta de Puerto Rico, situación y repartimiento de tierras en el sitio que se dice de Buena Vista y Humacao y asistencia para su manutención*. 1723. AGI ESC 141E.
[166] Municipio de San Juan. *Actas del Cabildo de San Juan, 1730-1750*. Acta 24, del 25 de abril de 1732. Se listan los siguientes pueblos, aparte de San Juan y San Germán: Aguada, Ponce, Coamo, Arecibo, Manatí, Toa, Caguas, Loíza, Añasco y Guaynabo.
[167] Pedro Tomás de Córdova. *Memorias geográficas, históricas económicas y estadísticas de la Isla de Puerto Rico* (San Juan: Instituto de Cultura, 1968), 25.
[168] Ángel López Cantos. *Los puertorriqueños: mentalidad y actitudes (siglo XVIII)* (San Juan: Ediciones Puerto, 2001), 29, 30, 40 y 41.
[169] Abreu Vega, *Apuntes para la historia de Humacao*, 138 y 139.

que se ha tomado como estrictamente Caguas (el actual municipio) en las historias relacionadas a los Delgado Manso y la otorgación de tierras haya podido incluir lo que luego fue el Partido de Humacao.

Por su parte, basándose en el análisis de los padrones de vecinos, Francisco Scarano y Katherin Curtis sostienen que entre 1792 y 1800, el partido de Humacao incluia este pueblo, Caguas, Fajardo, Loíza y Yabucoa, Juncos, Naguabo, Luquillo, y Maunabo. [170]

---

[170] Francisco A. Scarano y Katherin J. Curtis White. "Population Growth and Agrarian change in the Spanish Caribbean: Evidence from Puerto Rico´s Padrones, 1765-1815". *Latin American Research Review*. Año 46, Núm. 2 (2011): 200-213. Consultado en *Princeton University*.
http://paa2005.princeton.edu/papers/51217. Capturado el 11 de junio de 2015.

Tabla 7
Listado parcial de Tenientes a Guerra en Buenavista, Las Piedras y Caguas

Años	Buenavista/Humacao	Juncos	Caguas
1678	Capitán a guerra de la gente de Buenavista: Alonso Delgado Manso por cédula real		
1690	Capitán Francisco Delgado Manso (II): capitán y teniente a guerra		
1701	Capitán Francisco Delgado Manso III, "Capitán de Buenavista, Caguas y Barrero"		
1723	Capitán Antonio Delgado Manso como capitán		
1741 – 1760			Capitán a Guerra D. Julián de los Reyes Delgado; Alcalde D. Juan Gregorio Delgado
1753			Teniente de Capitán D. Bernardo Delgado
1763		D. Juan Casimiro Márquez / Las Piedras	
1764 – 1768			Teniente a Guerra D. Juan Gregorio Delgado
1771			Teniente y Capitán a Guerra Reformado D. Juan Gregorio Delgado / Teniente a Guerra Bernardino Delgado
1786	Teniente Reformado del Partido de Humacao: D. Pedro Delgado		Teniente de Capitán en el Partido de Caguas: D. Francisco Delgado Teniente a Guerra de Caguas: D. Rafael Delgado
1787	;go Díaz de Avila Delgado, ten guerra de Humacao		
1793	D. José Atilano Berríos	D. Tomás García Pagán / Juncos	
1797		D. Blas López / Juncos	

Fuente: Primer Libro de Bautismos de Caguas, 1730-1766. Primer Libro de Matrimonios de Caguas, 1730-1774. *Traslado de la iglesia de Las Piedras a Juncos. Demolición de los hatos de Puerto Rico.* 1786. AGI, SD 2396.

LAS ERMITAS DEL PARTIDO DE CAGUAS Y LAS COFRADÍAS

La existencia de las ermitas de San Sebastián del Barrero y del Dulce Nombre de Jesús en Caguas han sido explotadas por los proponentes y los defensores del mito de origen de Caguas para validar la existencia de Sebastián Delgado de Rivera y de su esposa, María de Jesús Manso de la Torre. Aunque ya hemos probado nuestros argumentos sobre la inexistencia de esta mítica pareja y su función en el desarrollo histórico de Caguas, quisimos profundizar nuestra búsqueda sobre los posibles orígenes de las ermitas de la región. Como punto de partida, conocemos que, en ocasiones, las cofradías eran quienes fundaban ermitas, y que en otras, era alrededor de las ermitas que se creaban cofradías.

Las cofradías

Las cofradías eran asociaciones religiosas que congregaban a los vecinos de un lugar. Permitían a personas devotas reunirse para "ejercitarse en obras de piedad y de devoción cristiana". [171] Según Carlos Andújar, "[f]ueron traídas a América desde España, cumpliendo inicialmente una función social y también segregacionista". Añade: "[o]riginalmente, las cofradías fueron sociedades de entierro y socorro mutuo, funciones de vital importancia para los grupos sociales segregados, y espacios de preservación de la espiritualidad y de la identidad cultural". [172]

Su origen se lleva hasta la misma Edad Media. Según Castro Pérez, Calvo Cruz y Granado Suárez, "[s]urgen espontáneamente como consecuencia del espíritu humano de sociabilidad, por acuerdo mutuo entre los partícipes, sin intervención de poderes extraños, y con el consentimiento de la Iglesia". [173] Emilio Rodríguez Demorizi establece su existencia en Santo Domingo desde los tiempos de Nicolás de Ovando,

---

[171] Emilio Rodríguez Demorizi. *Sociedades, cofradías, escuelas, gremios y otras corporaciones dominicanas* (Santo Domingo: Editora Educativa, 1975).

[172] Carlos Andújar. *Identidad cultural y religiosidad popular* (Santo Domingo: Editorial Letra Gráfica, 2007), 170, 171.

[173] Candelaria Castro Pérez, Mercedes Clavo Cruz y Sonia Granado Suárez. "Las cofradías en la institución parroquial, siglos XVII–XVIII. Una aplicación al señorío episcopal de Agüimes, Canarias (España)". *Procesos históricos*. Primer semestre, Año/Vol. VII, Núm. 013 (2008), 3.

hacia 1503. [174] Habiendo llegado nuestros conquistadores desde Santo Domingo, no hay razón para no pensar que estos primeros pobladores hispanos trajeron consigo esta y otras instituciones.

Por su parte, Lautico García afirma que las hermandades o asociaciones religiosas respondían a la necesidad del pueblo de lo que él llama una Iglesia Popular que reclamaba mayor espiritualidad basada en el Evangelio. Atribuye las manifestaciones espirituales y religiosas del pueblo a este reclamo, y plantea que "no hubiéramos tenido las órdenes mendicantes (dominicos, franciscanos, etc.), de no haber existido esa 'Iglesia Popular'". [175] Castro, Calvo y Granado coinciden, presentando las cofradías como "el máximo exponente de la religiosidad popular". [176]

Ángel López Cantos describe las prácticas de las cofradías o hermandades en Puerto Rico desde la primera mitad del siglo XVII. Señala que a finales del siglo XVIII "muy pocas localidades no contaban con cofradías". [177] En referencia a su aceptación por parte de los puertorriqueños, subraya que:

> El isleño, que fue muy remiso en el cumplimiento de las obligaciones básicas de su religión, si bien nunca las puso en duda y que desoyó los consejos y disposiciones de sus pastores espirituales, se entregó con gran entusiasmo a todas aquellas actividades piadosas, que podemos denominar accesorias o secundarias. [178]

Esta realidad se evidencia en la defunción de Pascuala de Tur, recogida en el libro de defunciones más antiguo de la Catedral que sobrevive. En el acta, fechada 22 de enero de 1762, se anota que Pascuala, viuda de Lorenzo López, fue enterrada en el Convento de Santo Tomás "por ser hermana fundadora de la cofradía de Santa Rosa, los que tienen sepultura propia...". [179]

---

[174] Rodríguez Demorizi, *Sociedades, cofradías*, 147.
[175] Lautico García, S.J. *La primera evangelización de América Latina* (Santo Domingo: Fundación Peña Batlle, 1993), 77.
[176] Candelaria Castro Pérez, Mercedes Clavo Cruz y Sonia Granado Suárez. "Las cofradías en la institución parroquial, siglos XVII–XVIII. Una aplicación al señorío episcopal de Agüimes, Canarias (España)". *Procesos históricos*. Primer semestre, Año/Vol. VII, Núm. 013 (2008), 3.
[177] López Cantos, *Los puertorriqueños: mentalidad y actitudes (siglo XVIII)*, 86.
[178] *Ibid.*

Las cofradías eran responsables por las ermitas, que muchas veces fundaban. Javier Campos Garrido conserva el elemento de las mentalidades en su resumen del proceso:

> Con la esperanza de librarse de los males espirituales, y también de los temporales, de ésta y otra especie, como decimos, los vecinos de las poblaciones colocaban su devoción en los santos locales y en los patronos respectivos, aportando limosnas y otras prestaciones para la fundación y mantenimiento de ermitas, altares, capillas, oratorios, imágenes, misas, sermones, etc., a fin de propiciar y recibir a cambio su protección. [180]

Castro, Calvo y Granado sostienen que "este tipo de cofradías... se erigían bajo la advocación de un santo, que era su patrono, y solían poseer una capilla en el templo parroquial, que cuidaban con esmero y devoción para el mayor lucimiento de sus oficios". [181] Por ejemplo, se acepta comúnmente que la cofradía de Nuestra Señora de la Balvanera en Coamo fue responsable de la fundación de la ermita de este nombre. [182] En Becerril de Campos, Palencia, hogar de nuestro primer Obispo, don Alonso Manso, se dio el fenómeno a la inversa. Las ermitas fundaron cofradías para hacerse y ayudarse. Un capítulo de las reglas de la Cofradía de los Pastores lee como sigue: "[q]ue cada uno de los cofrades tenga obligación a guardar doce reses del ganado lanío de esta ermita de limosna con condición que de los bienes de dicha ermita se haya de pagar limosna de doce misas por cada hermano y seis por cada hermana cuando mueran." [183]

---

[179] CSJ Defunciones (1726–1776) fs. 12v–13. Pascuala había sido bautizada en San Juan el 30 de mayo de 1715, hija de Joseph de Tur y de Gerónima Abril, quienes son identificados como pardos libres.

[180] Javier Campos Garrido. *Breves apuntes sobre la religiosidad en Esparragosa de la Serena a lo largo de su Historia. I. Ermitas.* http://www.scribd.com/doc/43156396/Breves-Apuntes-Sobre-La-Religiosidad-en-Esparragosa-de-La-Serena-a-Lo-Largo-de-Su-Historia-I?query=fundacion. Capturado el 9 de marzo de 2012.

[181] Candelaria Castro Pérez, Mercedes Clavo Cruz y Sonia Granado Suárez. "Las cofradías en la institución parroquial, siglos XVII–XVIII. Una aplicación al señorío episcopal de Agüimes, Canarias (España)". *Procesos históricos.* Primer semestre, Año/Vol. VII, Núm. 013 (2008), 3.

[182] Ramón Rivera Bermúdez. *Coamo, la villa añeja. Siglos XVI al XX* (Coamo: Imprenta Costa, 1980. Tercera Edición).

[183] Portal del Municipio de Becerril de Campos, Palencia. Capturado el 5 de abril de 2012.

Como institución con personalidad jurídica propia, las cofradías se regían por una normativa interna contenida en estatutos. [184] En relación a las cofradías sevillanas, Félix González de León afirma que existieron sin reglas muchos años como simples congregaciones que se reunían para hacer ejercicios piadosos, y principalmente para salir procesionalmente a visitar los Sagrarios y otras estaciones en los días de Semana Santa; en cuyas estaciones iban los cofrades.

Rodríguez Demorizi sostiene que como parte de las Leyes de Indias, Felipe III estableció una regla en 1600: "[q]ue no se funden cofradías sin licencia del Rey, ni se junten sin asistencia del Prelado de la Casa y Ministros Reales". [185] Esta prohibición parece indicar que era común la fundación espontánea de cofradías, lejos del control y la fiscalización de la Iglesia. En las Constituciones Sinodales de 1645 se incluyó un reglamento para ellas.

Una carta del obispo Gil Esteve al director general de Ultramar fechada 1851 describe claramente las cofradías y su rol en los pueblos:

> ...en todas las parroquias de la isla se halla instituida la cofradía de la Minerva con arreglo a lo dispuesto en la Constitución Séptima de las Sinodales de aquel Obispado, aprobadas por Real Cédula de 5 de septiembre de 1646, y que con sus auxilios se atiende al Culto de su Divina Majestad, y algunas veces a la reedificación de las Iglesias por medio de suscripciones de los cofrades. Que si bien más que una verdadera corporación, debe considerarse como una lista de fieles consagrados al servicio Divino... [186]

Encontramos cofradías en Puerto Rico desde el mismo siglo XVI. Entre ellas, las siguientes: Ánimas del Purgatorio, Nuestra Señora del Carmen, Nuestra Señora de Altagracia, San Pedro, Dulce Nombre de Jesús, San Diego de la Veracruz, Nuestra Señora del Rosario, [187] el Santísimo Sacramento, [188] San Antonio de Padua, [189] Nuestra Señora de la Soledad, [190]

---

[184] Candelaria Castro Pérez, Mercedes Calvo Cruz y Sonia Granado Suárez. "Las cofradías en la institución parroquial, siglos XVII–XVIII. Una aplicación al señorío episcopal de Agüimes, Canarias (España)". *Procesos históricos*. Primer semestre, Año/Vol. VII, Núm. 013 (2008), 3.

[185] Rodríguez Demorizi, *Sociedades, cofradías,* 147.

[186] *Se pide al Vice-Real Patronato aprobación de cofradías.* 1852. AHN, Ultramar, 2033, Expediente 7.

[187] Álvaro Huerga. *Primeros Historiadores de Puerto Rico (1492-1600)*, 252. Identifica doce cofradías.

Nuestra Señora de la Concepción, [191] Nuestra Señora de la Candelaria [192] y San Miguel. [193] Algunas recibían desde Sevilla embarques de aceite y velas, muy probablemente para las celebraciones de sus santos patronos. Una carta del Presidente de la Real Audiencia de Santo Domingo al Rey de 1583 menciona la intención de los habitantes portugueses de la ciudad de formar una cofradía de San Antonio de Padua. [194]

En la visita pastoral que realizó el obispo Juan Lorenzo Pizarro en 1728 a la ribera de Arecibo, reportó haber encontrado la Cofradía del Arcángel San Miguel,

> que se halla instituido con título de piedad y misericordia, para convertir en bien de las almas de los cofrades unos bancos que son unas juntas que hacen los morenos en el día que es del arbitrio de su mayordomo, de hombres y mujeres, poniendo un altar, y los que entran van ofreciendo, y se reduce todo a saraos y bailes, de que Dios nuestro Señor, y el loable instituto de dicha cofradía, es ofendido.

---

[188] *Registro del navío Nuestra Señora de la Hiniesta*. 1613. AGI. Contratación, 1160, N.2, f.67. Registró doña María de Mella un cajón con dos arrobas de cera blanca labrada para dar a la cofradía del Santísimo Sacramento.

[189] *Registro del navío Nuestra Señora de la Consolación*. 1625. AGI. Contratación, 1174, N.1, R.5. Registró desde Sevilla Diego Rodríguez de Loaíza veinte botijas de aceite de a media arroba cada una para dar y entregar en San Juan a Antonio Méndez, mayordomo de la cofradía del Señor San Antonio de Padua.

[190] *Registro del navío Nuestra Señora de la Concepción*. 1604. AGI. Contratación, 1144A, N.1, R.6., fs.64 y 65: Doña Clemencia Franquis registró desde Sevilla "un frontal de damas conegro para la cofradía de Nuestra Señora de la Soledad". Según Santiago Montoto, en Sevilla esta fue la única cofradía de carácter distintivo, pues en 1617 se requería prueba de hidalguía para pertenecer a ella. *Cofradías Sevillanas* (Sevilla: Secretariado de Publicaciones de la Universidad de Sevilla, 1999), 190.

[191] Ibid. F.82: Doña Clemencia Franquez envió 35 libras de velas de cera para la cofradía de Nuestra Señora de la Concepción.

[192] *Registro del navío De Atocha y San Francisco*. 1621. AGI. Contratación,1170A, N.5, f.40. Diego Franquis de Ojeda envía una arroba de cera blanca de velas de a cuarta y media arroba de velas de a libra y media arroba de velas de 5 para dar y entregar en San Juan al mayordomo que es o fuere de la cofradía de Nuestra Señora de la Candelaria.

[193] *Registro del navío Nuestra Sra. de la Concepción*. 1603. AGI. Contratación, 1142, N.8, f.55.

[194] *Carta de Cristóbal de Ovalle, presidente de la Audiencia de Santo Domingo*. 31 de octubre de 1583. AGI. Santo Domingo, 51, R. 6, N. 71, f.9.

En consecuencia, el Obispo revocó la constitución de esta cofradía, impidiendo los mencionados "bancos", bajo amenaza de castigo de excomunión mayor. [195]

Andújar afirma, y Rodríguez Demorizi confirma, que la cofradía de La Pura y Limpia Concepción de Nuestra Señora existió en Santo Domingo desde inicios del periodo colonial. [196] En su estudio sobre la devoción a la Inmaculada Concepción en España, Javier Campos y Fernández señala lo siguiente: "[e]n el siglo XVI asistimos a una proliferación de cofradías que se ponen bajo la advocación de la Pura y Limpia Concepción de María. Las hermandades que se crean tienen un claro fin caritativo que se materializa en la asistencia a pobres, enfermos, agonizantes, viudas, huérfanos, etc.; se pueden encontrar algunas cofradías vinculadas a hospitales". [197]

Uno de los conquistadores que llegó a nuestra Isla con Juan Ponce de León desde Santo Domingo, el vizcaíno Francisco Juancho, fundó el Hospital de la Pura y Limpia Concepción en San Juan en el siglo XVI. [198] El hospital contenía una iglesia o ermita, pues en ella se realizaron matrimonios hasta el siglo XVIII. [199] El rol de los cofrades en la administración de esta ermita queda demostrado en la venta que hiciera el gobernador Francisco de Bahamonde y Lugo de María, negra africana que pertenecía al hospital. Bahamonde realizó la venta sin consultar a los cofrades ni al cabildo eclesiástico. [200]

---

[195] Generoso Morales Muñoz. "Primera visita pastoral del Obispo Pizarro al pueblo de iglesia de la ribera del Arecibo, 1729". *Boletín de Historia Puertorriqueña*. Vol. I, Núm. 7 (junio 1949), 215.

[196] Rodríguez Demorizi, *Sociedades, cofradías*, 170.

[197] F. Javier Campos y Fernández de Sevilla, OSA. "La devoción a la Inmaculada Concepción en las 'Relaciones Topográficas'". *La Inmaculada Concepción en España: religiosidad, historia y arte: actas del simposium*. Vol. 1 (2005), 10.

[198] "Información hecha en virtud de una cédula de SM por el Obispo de Puerto Rico acerca del Hospital de Nstra. Sra. De la Concepción, fundado cerca de la fuerza vieja de la ciudad de Puerto Rico". *Carta de José de Novoa, gobernador de Puerto Rico*. 15 mar 1661. AGI, SD 157, R.1, N.19. Se menciona a Francisco Juancho de Luyando como fundador, quien fabricó y dotó el Hospital de Nuestra Señora de la Concepción que está anexo a las murallas de la Fortaleza.

[199] CSJ 1M(1653-1725)F64v, 1663; f.353v, 1710.

[200] *Capítulos que Diego de Cuéllar Daza le puso al gobernador Bahamonde. 1568*. AGI. Justicia 980, f.34.

Imagen 2
Estatutos de Cofradías

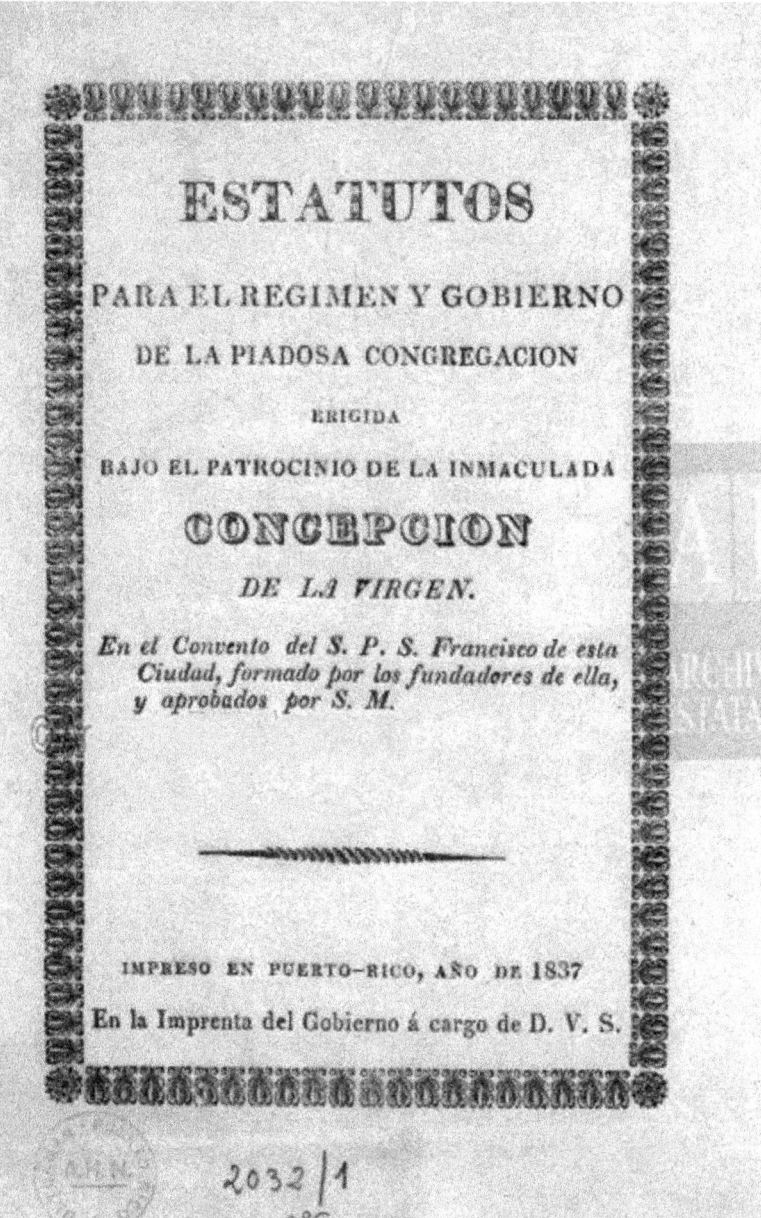

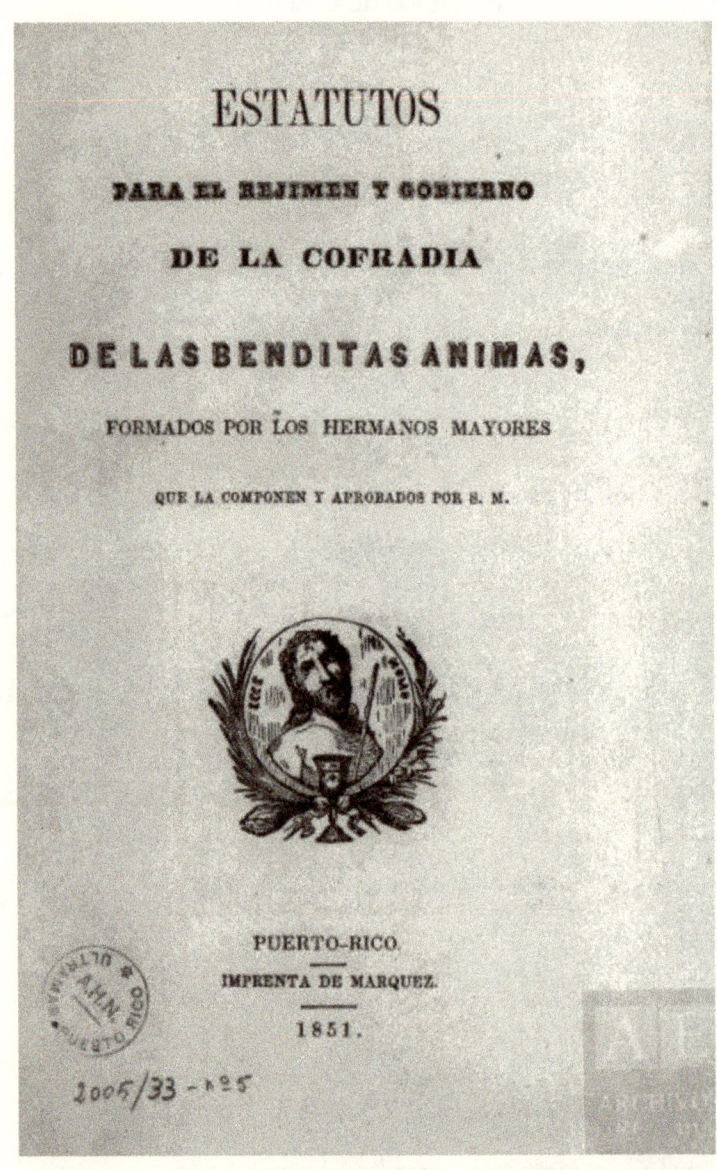

(tomados del Portal de Archivos Españoles, PARES)

Pertenecer a una cofradía podía convertirse en un asunto familiar, pues la condición era heredable. Tomando como referencia el reglamento de la cofradía del Santísimo Sacramento de la ciudad de Écija, provincia de Sevilla, encontramos en el capítulo XXVI la siguiente información:

> La condición de cofrade se heredaba tanto por línea paterna como materna, siendo beneficiario el primogénito, y si éste no quería heredarla, transmitiría el derecho a sus hermanos; el heredero estaba exento de abonar la cuota de ingreso. La viuda del cofrade, aunque su hijo hubiere heredado la pertenencia a la cofradía, seguía gozando de los beneficios de la misma, mientras no se casara, estando obligada a pagar un real cada año. [201]

Acercándonos a nuestra región de estudio, encontramos que el propio Bunker Aponte identificó la existencia de la cofradía del Niño Jesús en Caguas. Relata que desde 1775 venía realizando actividades para generar los fondos necesarios para la construcción de un nuevo templo. Añade que para 1812, la cofradía había generado fondos en efectivo, poseyendo terrenos y ganado vacuno, éste valorado en 4,025 pesos. Bunker transcribe en su libro las cuentas de la cofradía, cuyos fondos, efectivamente, fueron destinados a la fábrica de la nueva iglesia. [202]

Encontramos a los familiares del donante de las tierras de El Barrero relacionados a esta cofradía a través de un acta de 1817. Don Rafael Delgado, hijo de Juan Gregorio Delgado, y teniente a guerra de Caguas, dejó dinero en su testamento para la fábrica de la iglesia. Aunque el documento no expresa abiertamente que fuera parte de la cofradía, era esta la responsable de generar fondos para dicha construcción. La carta lee como sigue:

> Don Rafael Delgado, de este vecindario, que hace cerca de 3 años que falleció, legó a favor de la fábrica de esta santa iglesia el retoque de las imágenes en la cantidad de 150 pesos, que el albacea, don José Delgado, exige se le reciba en reses, por no haber dejado el testador ningún numerario. Yo he resistido hasta ahora este pago en los términos que lo solicita porque si el testador determinó cantidad, y

---

[201] Marina Martín Ojeda, Gerardo García León. "La cofradía del Santísimo Sacramento y Nuestra Señora del Rosario". En *Écija en la Edad Media y Renacimiento. Actas III Congreso de Historia* (Sevilla: Ayuntamiento de Écija, Universidad de Sevilla y Fundación El Monte, 1993), 268.

[202] Bunker Aponte. *Historia de Caguas*, 150-151. No hemos tenido acceso a los libros de fábricas de la iglesia de Caguas, ni a libros de actas de las cofradías.

no reses, aquello debe ser la que se entere, sufriendo la testamentaria, como creo justo el quebranto que se resalte en la redirección a moneda de aquellos bienes. Estoy en la duda si es o no justa mi resistencia y espero que Vuestra Señoría se sirva a declarar lo que tenga a bien sobre lo que llevo expuesto a efectos de cubrir mi responsabilidad como administrador que soy de la fábrica. [203]

Un pleito de 1828 nos revela otro aspecto sobre estas instituciones en el valle de Caguas: don Rafael Delgado era mayordomo de la cofradía del Santísimo Sacramento. [204]

Advocación del Dulce Nombre de Jesús

El mito de origen del Hato Grande de los Delgado asocia la advocación del Dulce Nombre de Jesús de la iglesia de Caguas a la esposa de Sebastián Delgado de Rivera. Irónicamente, no adjudican, aunque la reconocen, la existencia de la ermita de Humacao, que también está bajo ésa misma. Los libros de historia de Humacao no hacen referencia al origen de la advocación de la parroquia. Sin embargo, estas no serían las únicas ermitas/iglesias en nuestra isla que comparten un mismo santo patrón.

Pertenecer a la cofradía conllevaba valiosas indulgencias para sus miembros. [205] En Becerril de Campos ha existido la del Dulce Nombre de

---

[203] AGPR, FGE, Municipalidades – Caguas, caja 421. Carta fechada 8 de agosto de 1817. Nos parece que la insistencia en que el pago se realizara en dinero se debía a que la manutención de las reses conllevaba un gasto para la cofradía, que reducía entonces los fondos disponibles, pues se dejaban al cuido de diferentes ganaderos que cobraban por su cuido.

[204] *Fianza*. 2 jul 1828. AGPR, FPN, Humacao-Caguas, Otros funcionarios, 1828-1831, caja 980, 106v–107. Manuel Delgado, como albacea testamentario de su hermano Rafael, fue demandado por el párroco don José Manuel Pérez por dineros que su hermano Rafael debía: 242 pesos, 5 reales y 10 maravedíses: 195 pesos de los réditos vencidos de una capellanía instituida por Rafael, y 47 pesos, 5 reales y 10 maravedises por deuda pendiente de la Cofradía del Santísimo Sacramento, de la que Rafael era mayordomo.

[205] Pedro Mansilla. *Sumario de las indulgencias concedidas a la Cofradía del Santísimo Rosario*. Las indulgencias incluían las siguientes: "Indulgencia plenaria para todos los fieles que verdaderamente penitentes y confesados comulgan en el día que son admitidos y escritos en esta Cofradía; Indulgencia plenaria para su cofrades en el artículo de la muerte, estando verdaderamente penitentes, confesados y comulgando; y si no pueden hacer esto, invocan con la boca, o con el corazón, no pudiendo con la boca, el Nombre de Jesús, y encomienda su alma a Dios; Indulgencia plenaria concedida

Jesús, siendo una de las 50 que se identificaron en un censo de éstas que se hizo en 1750. [206] En el Nuevo Mundo, la cofradía de la Advocación del Nombre de Jesús solicitaba en 1560 la aprobación del Rey a sus ordenanzas. Entre sus solemnidades, celebraban el bendítísimo nombre de Jesús y su sacratísima sangre y pasión en el convento de San Agustín el 2 de enero. Ese día se hacía procesión y se elegían los oficiales para el año, estando presentes todos los hermanos de la cofradía.

En el reglamento se menciona que para entrar nuevos cofrades, aplicando a los hijos de los antiguos cofrades, deben pagar cada uno tres pesos de oro común; una vez realizado el pago, serían entrados en el libro de capitulaciones y se les daría cera, y gozarán de todas las indulgencias y declaraciones de las reglas "hechas y por hacer". [207]

Reconociendo la importancia de los conquistadores y colonizadores andaluces en la formación del pueblo puertorriqueño, miramos hacia Sevilla para buscar referencias sobre la cofradía del Dulce Nombre de Jesús. Allí, las hermandades del Dulce Nombre de Jesús se fundaron por la Orden de Santo Domingo "para reprimir el feo vicio de la blasfemia". [208] Jesús Luengo Mena expone que la hermandad del Dulcísimo y Santísimo Nombre de Jesús y Primera Sangre de Nuestro Señor Jesucrito fue fundada en Sevilla por su arzobispo en 1572. [209] Se fundaban en los conventos del Orden de los Predicadores. En 1599 se le confirió el patronato y administración de los niños expósitos. [210] Entre los beneficios para los cofrades, señala que "la hermandad establecía 40 días de indulgencias y perdón a los que ingresaran

---

> para el día de la Circuncisión a los Cofrades que verdaderamente penitentes confesados y comulgados asisten en todo o parte a los Divinos Oficios que se hacen en la Iglesia o Capilla de esta Cofradía, y ruegan allí por la paz; siete años y siete cuarentenas de perdón concedidos a los Cofrades que verdaderamente penitentes, confesados, y comulgados visitan en cualquiera segundo Domingo de cada uno de los meses de todo el año el Altar de esta Cofradía, y ruegan allí por la paz." Páginas 125-126.

[206] "Cofradías". *Web oficial del Ayuntamiento de Becerril de Campos*. www.becerrildecampos.es Capturado el 8 de febrero de 2011.

[207] *Confirmación de ordenanzas*. 1560. AGI. Patronato, 287, R. 144. No conocemos los detalles del uso de la cera. Sin embargo, en los registros de mercaderías de Sevilla a Puerto Rico para las cofradías, los envíos consistían mayormente en cajones de cera.

[208] Luis J. Pedregal. "Cofradías del Dulce Nombre de Jesús". En *Archivo Hispalense. Revista Histórica, Literaria y Artística*, 2ª. Época, número 95 (1959), 255.

[209] Jesús Luengo Mena. *Compendio de las cofradías de Sevilla (que procesionan a la Catedral)* (España: Ediciones Espuela de Plata, 2007), 248.

[210] Félix González de León. *Historia de las cofradías de Sevilla* (España: Ediciones Espuela de Plata, 2005), 33-34.

como hermanos, indulgencias que sumarán cada vez que pronuncien el 'loado sea Jesucristo'".[211]

Conociendo el rol de los Padres Predicadores en la evangelización de nuestra Isla, no es de extrañar que hayan sido ellos quienes hayan promovido entre sus habitantes la devoción al Santo o Dulce Nombre de Jesús. Aunque caemos en el terreno de las "posibilidades" que dio forma al mito de origen de Caguas, ésta sería la razón por la cual las dos ermitas – Caguas y Humacao – recibieron este nombre, sin tener absolutamente nada que ver el nombre de la esposa del legendario Sebastián Delgado de Rivera.

En su descripción de la Isla, Diego de Torres Vargas detalla las doce cofradías que existían en la isla para 1646 (año en que redacta el documento), e incluye dos muy relevantes para nuestro estudio: Dulce Nombre de Jesús y el señor San Miguel.[212] En un registro de mercaderías enviadas desde Sevilla a Puerto Rico en 1603, se incluyen una imagen de San Sebastián para "los cofrades de la cofradía de San Sebastián".[213]

En el listado que presenta de Torres Vargas más de 40 años después no aparece la cofradía de San Sebastián. ¿Estaría localizada fuera de la ciudad? ¿Habrá sido la ermita de San Sebastián del Barrero fundada por esta cofradía? En el primer libro de matrimonios de la Catedral de San Juan se asentó un matrimonio el 20 de enero de 1674 "en la hermita (sic) del glorioso San Sebastián".[214] No hay referencias al partido de Caguas. Ambos contrayentes eran naturales de San Juan, por lo que pensamos que la ermita que estaba localizada en San Juan, y no se refiere a la de Caguas.

Antonio Cuesta Mendoza cita a Torres Vargas para relatar una de las actividades de la cofradía de las Ánimas del Purgatorio de San Juan:

> La Cofradía de las Ánimas tiene otra Hermandad de 24 hermanos… celebran fiesta todos los terceros lunes de mes a las ánimas del Purgatorio, cada dos hermanos, con misa, procesión y sermón, puesto un tumulto en medio de la Iglesia en dos gradas, adornado de 24 luces y muchas bulas de difuntos, a costa de los dos hermanos que hacen la fiesta, y la cofradía reparte cera entre los hermanos y cofrades para la misa y procesión y piden limosnas

---

[211] Jesús Luengo Mena. *Compendio de las cofradías de Sevilla (que procesionan a la Catedral)* (España: Ediciones Espuela de Plata, 2007), 248.

[212] Álvaro Huerga. *Primeros Historiadores de Puerto Rico*, 252.

[213] *Registro del navío Nuestra Señora de la Concepción*. 1603. AGI. Contratación, 1142, N. 8, f.55.

[214] CSJ 1M(1653-1725)F123.

dichos dos hermanos todos los lunes del mes que les toca, para pagar las demás misas y procesiones, que se dicen y hacen los demás lunes del año y un día después que muere cualquier hermano se le dice una misa cantada. [215]

En la parroquia Nuestra Señora de la Concepción de Juncos se conserva un libro de actas de la cofradía del Santísimo Sacramento. Esta parroquia es una de las más antiguas de la región. Entre los cofrades se mencionan los siguientes miembros de la familia Delgado: Manuel Delgado; don Gerónimo de Aponte, casado con Paula Carmona Delgado, nieta del capitán Antonio Delgado Manso; don Pedro Márquez; don Francisco Carmona; Juan Fernández de Córdova, quien estaba casado con Da. Juana Delgado; Diego Díaz, hijo de D. Manuel y de Da. Isabel Delgado, quien había sido teniente a guerra de Humacao; don Roberto Díaz, hijo de D. Manuel y de Da. Isabel Delgado; y don José Díaz, hijo de Antonio Díaz, quien era hermano de Diego, y Roberto Díaz Delgado. Si pertenecer a una cofradía era un asunto familiar, tenemos clara evidencia de la participación de la familia Delgado en toda la región centroriental.

En la documentación de 1852 relacionada a la solicitud de la Hermandad de la Inmaculada Concepción, erigida en la iglesia del convento de San Francisco de Puerto Rico, para alterar el número de hermanos mayores y menores, se incluye una Bula del Papa donde se dan indulgencias a quienes sean parte de la cofradía. Entre estas, "a todos y cada uno de los fieles cristianos de ambos sexos que entraren en adelante en dicha cofradía o congregación, en el primer día de su entrada, si verdaderamente arrepentidos y confesados recibieren el Santísimo Sacramento de la Eucaristía". [216]

En la mentalidad y espiritualidad de los siglos XVI al XVIII, las indulgencias serían una fuerte motivación para querer formar parte de una cofradía. Enfrentados a la escasez poblacional y la consiguiente necesidad

---

[215] Antonio Cuesta Mendoza. *Historia eclesiástica del Puerto Rico colonial. Volumen 1: 1508–1700* (San Juan: Publicaciones Gaviota, segunda edición restaurada digitalmente, 2012), 264–265.

[216] *Expediente general sobre la cofradía de la Purísima Concepción*. AHN. Ultramar, 2032, Expediente 1. En el artículo 2° se establece que los hermanos y hermanas mayores deben ser personas blancas y honradas, "sin que se entienda que esta prevención es efecto de vanidad, de la que estará muy distante esta Piadosa Congregación; pero más particularmente se tendrá en consideración el que los pretendientes sean devotos, timoratos y de irreprehensible conducta..."

de lugares de culto, no debe sorprendernos que las asociaciones piadosas germinaran en la Isla y se dieran a la tarea de fundar ermitas. Estas servirían como eje para sus actividades, que no se limitaron a la celebración del culto. Sin contar hoy con documentación que lo pruebe, reconocemos que pudo ser de esta manera que surgieron las ermitas e iglesias de San Sebastián del Barrero y del Dulce Nombre de Jesús en el Partido de Caguas.

Aunque está un poco alejado del tema de este ensayo, debemos insistir en la importancia de ambas advocaciones para las iglesias o ermitas del Partido. En un protocolo de 1842, se registran donaciones de algunos vecinos para la celebración de las fiestas en honor del santo patrón del pueblo de Caguas: el glorioso San Sebastián. [217] En otro del mismo año, se reafirma que San Sebastián era el patrón de pueblo, y se menciona la festividad de la Purísima Concepción. [218]

Las ermitas e iglesias

La importancia de las ermitas para la historia de la región es que alrededor de ellas se realizaron o formalizaron los asentamientos poblacionales. Fernando Picó asocia las ermitas con la fundación de pueblos. Sobre el proceso declara que: "[e]n los años que siguen [después de 1740] ocurre una verdadera explosión: luego de varios ensayos de aglutinar vecindarios alrededor de ermitas nace Caguas; brotan Bayamón y

---

[217] *Reconocimiento.* AGPR, FPN, Humacao–Caguas, Agustín del Rosario, 1842–1843, caja 974, f. 96v. "En este pueblo de Caguas en los 23 días del mes de junio de 1842, ante mi, el infraescrito escribano público, y testigos que se nominarán, parecieron presentes don Manuel Ximénez Córdova, con su esposa, doña Josefa Sicardó, como principales, don Narciso Maymí y don Demetrio Ximénez, como sus fiadores, y precedida la venia y licencia marital en derecho prevenido y que presenciaban las leyes del fuero real y los 55 de Toro, que la corroboran, que de haber sido pedida, comedida y aceptada respectivamente, doy fe cómo igualmente el consentimiento de los comparecientes y dijeron que dicho Ximénez Córdova ha sido admitido por el Tribunal Eclesiástico al capital de 300 pesos para la festividad del glorioso San Sebastián, patrón de este pueblo, según y en los términos que consta de la póliza librada por el notario [abreviatura] pricipal que agrego al respectivo cuaderno de comprobación con el número 42 y a la letra es como sigue…" [continua].

[218] Ibid, f. 211. Una porción del acta lee: "Don Manuel Ramón Guzmán ha venido admitido por el Tribunal Eclesiástico al reconocimiento de dos capitales de a 100 pesos cada uno, pertenecientes el uno a la festividad del patrón de este pueblo, San Sebastián, y el otro a la festividad de la Purísima Concepción…".

Guaynabo…". [219] El historiador cagüeño Herminio Torres Grillo detalla el proceso de su establecimiento:

> A medida que pasaba el tiempo, los españoles se fueron internando hacia el interior de la Isla para colonizarla. Lo primero que se establecía era la ermita correspondiendo al deseo de los gobernadores de llevar la doctrina cristiana a todos los rincones de la Isla. Alrededor de la ermita, construcción por lo general de madera y paja, se iban formando las aldehuelas que con el tiempo se convertirían en pueblos y ciudades, condicionando su desarrollo por las condiciones del medio ambiente. [220]

Este proceso queda confirmado en el establecimiento en Humacao del pueblo de San Luis del Príncipe en 1723. Según el testimonio de uno de sus pobladores, como parte de las estructuras, se construyó una ermita, la cual se bendijo. No tenían cura propio para la población, puesto que mencionó que hubiesen deseado tener cura propio que les diera la misa. [221] Debemos señalar que en este proceso en particular, no hubo participación de cofradías, sino que la ermita fue producto del establecimiento oficial de una nueva población promovido por el gobierno colonial.

No hay menciones de iglesias ni ermitas en ninguno de los puntos habitados de la región centroriental en 1645. Según las Constituciones Sinodales de ese año, el curato de Loíza cubría desde Guayama hasta Loíza, hacia la costa este. Esta región incluye a Caguas y a Humacao; el obispo López de Haro menciona además la existencia de poblaciones en Maunabo y Yabucoa. [222] Es importante tomar esto en cuenta porque este

---

[219] Fernando Picó. *Historia general de Puerto Rico* (San Juan: Ediciones Huracán, 2000), 108-109.

[220] Herminio Torres Grillo. *Historia de la ciudad de Caguas (La invicta del Turabo)* (Barcelona: Ediciones Rumbo, 1965), 36. Lamentablemente, no presenta las referencias de los documentos que menciona.

[221] *Autos originales y demás diligencias hechas por el Sargento Mayor Don Francisco Danio Granados Gobernador y Capitán General de esta isla sobre el asiento y población de las familias de Islas Canarias que se remitieron a esta de Puerto Rico, situación y repartimiento de tierras en el sitio que se dice de Buena Vista y Humacao y asistencia para su manutención.* Puerto Rico, 1723. AGI, ESC 141E. Esta debe ser la ermita que Abbad y Lasierra encontró en ruinas en su visita a Humacao cincuenta años más tarde, y pensó había sido quemada por caribes o piratas.

[222] *Gobernadores de Puerto Rico y Filipinas manden documentos eclesiásticos.* Archivo Histórico

dato acerca la historia de la región centroriental a la de Loíza. Nos puede ayudar a entender por qué los alcaldes de la Santa Hermandad eran titulados como "de la banda norte" o "de Loíza", aunque sus puestos cubrieran las zonas de Caguas y Humacao.

Imagen 3
Plano de San Luis del Príncipe

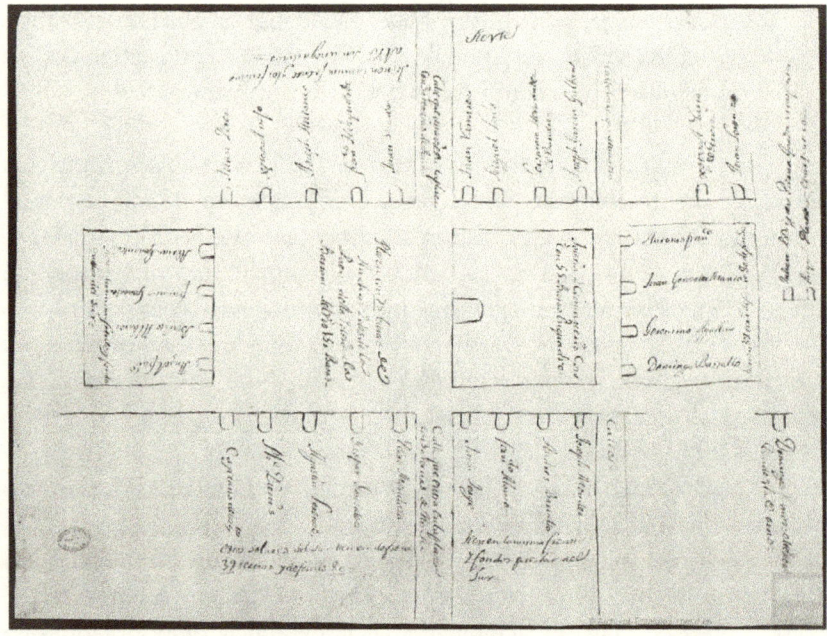

Plano del pueblo de San Luis del Príncipe, en la ribera del río Humacao, con el reparto de solares hecho entre los pobladores canarios del mismo, por el gobernador de la isla de Puerto Rico, Francisco Danio Granados. 1724. AGI, SD 904.
(Nótese el espacio identificado para la iglesia y el cementerio frente a la plaza.)

Nacional (en adelante, AHN). Ultramar 2030, Expediente 6. Gobernadores de Puerto Rico y Filipinas manden documentos eclesiásticos. En contraste con este expediente, Bunker Aponte declara que en el Sínodo se mencionó la "hermita de San Sebastián del Barrero" entre las iglesias representadas, lo que es totalmente falso: Oscar Bunker Aponte, *Caguas: Notas para su historia* (San Juan: Model Offset Printing, 1983), 12. Por separado, no se reporta la iglesia que bendijo el obispo en el ingenio de Nuestra Señora de Valle Hermoso un siglo antes.

La Constitución XV, "De las fábricas de las iglesias", establece la orden para construir o conservar las iglesias o ermitas:

> Otro sí mandamos que no se puedan fabricar iglesias o ermitas sin expresa licencia nuestra en escrito, ni demoler las que están fabricadas, pena de que se volverán a fabricar a su costa, y por el consuelo espiritual de los feligreses que distan más de seis leguas de sus iglesias, para que más fácilmente puedan percibir los Santos Sacramentos, y proceder como cristianos, permitimos que donde hubiere población y estancias o hatos de criadores de treinta vecinos, puedan erigir iglesia o ermita donde concurran, obligándose a tenerla en pie, y a sustentar un capellán tres meses al año, que asista un mes de cuatro en cuatro meses, diciéndolos Misa todos los domingos y fiestas de dichos tres meses, pagando los derechos que tocaren a la parroquia, y acudiendo a cumplir con ella por la Semana Santa. [223]

El libro más antiguo de Matrimonios de la Catedral de San Juan que sobrevive comienza en 1653, apenas ocho años después de las Constituciones Sinodales. Recoge todos los matrimonios que se realizaron dentro del partido de San Juan (en contraposición al de San Germán), por lo que los de la región centroriental quedan en él. Entre los matrimonios realizados fuera de San Juan, el libro recoge un matrimonio "en el ingenio de doña Violante Ferrer" el 4 de mayo de 1657. [224] Igualmente, en septiembre de 1664 se reporta un matrimonio "en el sitio de Canobanilla". [225] Otros matrimonios se reportan en la iglesia de Arecibo, [226] la de la ribera de Cangrejos, [227] o la ribera de Loyza. [228]

---

[223] Horacio Santiago-Otero y Antonio García y García. *Sínodo de San Juan de Puerto Rico de 1645*. Sínodos Americanos, tomo 4 (Madrid-Salamanca: Centro de Estudios del CSIC, Instituto de Historia de la Teología Española de la UPS, 1986), 34.

[224] *Primer libro de matrimonios de la Catedral de San Juan (1653-1725)* (en adelante, CSJ 1M) f.28.

[225] CSJ 1M(1653-1725)F77v. Los contrayentes fueron Félix del Rosario, irlandés, y Francisca Pelegrina. Félix del Rosario era el extranjero que aparecerá en 1671 como residente en la casa de Alonso Delgado Manso en Caguas.

[226] CSJ 1M(1653-1725) f.84.

[227] CSJ 1M(1653-1725) f.95.

[228] CSJ 1M(1653-1725) f.338v. En vista de que la novia era Catalina Delgado, entendemos que la llamada ribera de Loíza se refería a Caguas.

Debemos anotar que todos los lugares donde se realizaron estos matrimonios aparecen en el inventario de iglesias de 1645. Las primeras actas sacramentales realizadas en el partido de Caguas comienzan en 1660. [229] El primer lugar que se menciona es "la iglesia de Caguas" en el sitio del Piñal. ¿Sería este el año que se fundó la primera ermita o iglesia en la región? En 1675 Tomás Martín de Luyando reporta que había sido cura del partido de Caguas.

En su relación de méritos, se establece que Martín de Luyando, chantre de la Catedral desde 1683, había sido durante 25 años capellán en las iglesias del valle de Coamo, la ribera de San Felipe de Arecibo, Loíza y el valle de Caguas, "administrando los santos sacramentos en dicha iglesia y partidos, y ejerciendo el oficio de cura, y cumpliendo de día y de noche con su obligación, a satisfacción de sus superiores, como lo estaba haciendo en 16 de abril de 1660...". [230]

No es sino hasta 1710 que se hace mención de una de las iglesias del Partido de Caguas con el nombre de su advocación: la iglesia de Nuestra Señora de la Pura Concepción del partido de Caguas en Las Piedras. [231] En 1726 tenemos la primera mención de la iglesia del Dulce Nombre de Jesús, y en 1728, la ermita San Sebastián del sitio del Barrero en el partido de Caguas. En relación a estas iglesias, debemos subrayar que el "partido de Caguas" tuvo sus primeros libros sacramentales en 1730.

Revisando el primer libro de matrimonios del partido de Caguas, [232] encontramos que la mayor actividad sacramental de las iglesias incluidas dentro de este partido tuvo lugar en El Piñal, con 106 de un total de 176 matrimonios, o 60% de ellos. Le siguen El Barrero, con 26 matrimonios (15%) y Las Piedras, con veintiuno (12%). En Hato Grande se realizaron seis (3%), en Humacao dos, en Trujillo uno; hubo catorce actas donde no se identificó el lugar donde se realizó el matrimonio.

---

[229] CSJ 1M(1653–1725) fs. 41, 92v, 175v, 173v a 175v, 184v, 187v, 201, 204v, 239, 338v, 356v, 388, 392v, 393, 394v, 406,

[230] *Relación de Méritos y Servicios de Tomás Martín de Luyando*. 1675. AGI, IND 202, Número, (en adelante, N) 33.

[231] CSJ 1M(1653–1725) f.353v.

[232] Archivo de la Catedral Dulce Nombre de Jesús de Caguas, (en adelante, CDNJC) 1M(1730-1774).

Diagrama 2
Lugares donde se realizaron matrimonios recogidos en el Primer Libro de Matrimonios del Partido de Caguas

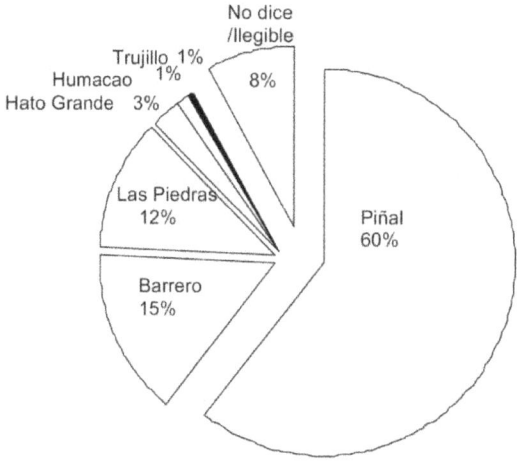

Sobre la accesibilidad de los moradores a estas ermitas, debemos tomar en cuenta que una de las razones por las cuales los vecinos de Gurabo solicitaron separarse de Caguas fue la dificultad para llegar a su iglesia, al otro lado del río. Uno de los testigos justificó la separación diciendo

> no sólo es cierto que el sitio de Gurabo dista de la iglesia de Caguas por la parte más inmediata más de una legua, y que para ir los de Gurabo al pueblo de Caguas tienen que pasar por tres ríos, y el uno de ellos por cinco pasos, sino que estos ríos se ponen comúnmente intransitables de tal suerte que raro es el año que no suceden desgracias. [233]

En vista que los libros parroquiales de nuestro país fueron los únicos registros demográficos hasta 1885, hay que tomar en cuenta que Humacao fue ayuda de parroquia de Las Piedras, y aunque hay debate sobre esto, al parecer fueron los mismos vecinos de Humacao los que

---

[233] Morales Muñoz. *Fundación del pueblo de Gurabo* (San Juan: Talleres Gráficos de la Imprenta Venezuela, 1944), 93. Transcripción del acta de fundación.

crearon la iglesia de Las Piedras, más hacia el interior de la isla, por protección. No obstante, la iglesia de Humacao fue fundada en 1764, según lo establece el documento sobre el traslado de la de Las Piedras al sitio de Juncos. [234]

Este traslado de la iglesia y gran parte de la población de Las Piedras hacia el sitio de Juncos representó un severo golpe para los habitantes que decidieron permanecer en el lugar original. El capitán Juan Lorenzo Navarro la describió de la siguiente manera:[es] "su fundación de las primeras de esta Isla, la matriz de las de Humacao, Yabucoa, Naguabo y Juncos, que debía ser la preferida de éstas por ser la primera y de donde resultan los de Juncos". A pesar de ello, en la mudanza a Juncos se llevaron todos los adornos, fondos y hasta los cerrojos de las puertas, "que también arrancaron". Sólo conservaron párroco y juez territorial separados de Juncos. [235]

Debemos hacer una aclaración sobre la iglesia de Humacao. Aunque como hemos visto anteriormente Humacao fue ayuda de parroquia de Las Piedras, y por lo menos uno de los libros parroquiales de Humacao era compartido con Las Piedras, la existencia de una iglesia en Humacao está documentada desde 1721, con la creación del pueblo de San Luis Príncipe de Humacao. [236] Esta parroquia fue bendecida por el cura Juan Funes, y presumiblemente guardaría libros sacramentales, hoy desaparecidos del todo. Pero igualmente, conocemos que la iglesia de la Concepción de Las Piedras funcionaba en 1710.

Sin perder el foco de este trabajo, queremos mencionar que en su documento de fundación hay referencias a que los vecinos de Humacao pidieron que "o se trasladase la parroquialidad de las Piedras a esta según que había sido trasladada en otra ocasión o que se erigiese esta parroquia independiente o separada de cualquiera otra". La parroquia de Humacao fue formalmente fundada en 1793. [237]

---

[234] Generoso Morales Muñoz, transcripción. "Fundación de Pueblos en la Ribera del Humacao y en el Hatillo de los Juncos, 1764-1696". *Boletín de Historia Puertorriqueña*. Vol. 1, Núm. 7 (1949), 195.

[235] *Reclamo sobre usurpación de territorio anteriormente perteneciente al partido de Las Piedras por el de Juncos*. 25 sept 1809. AGPR, Obras Públicas, Edificios Religiosos, caja 168, folios sin número.

[236] Salvador Abreu Vega. *Apuntes para la historia de Humacao* (Santo Domingo: Editora Corripio, 1984).

[237] *Periódico El Criterio de Humacao*. Año 10, Núm. 46 (2 dic 1893).

Sabemos que a finales del siglo XVIII el partido de Las Piedras es el mismo Humacao porque Fray Íñigo no detalla información para la primera, pero sí para la segunda, y aunque establece que la iglesia de Humacao es ayuda de parroquia, le identifica el cura, cuando no aparece en el listado de curatos parroquia ni cura en Las Piedras.

Sobre las ermitas en el Partido, se acepta que la ermita del Piñal estaba en el margen oriental del río Grande de Loíza, en el actual pueblo de Gurabo, no en la jurisdicción del actual pueblo de Caguas. En el matrimonio de Baltasar Delgado Manso y de doña Isabel de Rivera Falcón en 1728 se menciona que este se realizó "en la ermita de San Sebastián del sitio del Barrero en el Partido de Caguas". [238] El sitio del Barrero existía desde antes de 1691, pero no aparecen referencias a sacramentos dados en alguna ermita en él. ¿Sería que no la tuvo hasta 1728?

La ermita de San Miguel se menciona como iglesia en el segundo libro de matrimonios de la Catedral de San Juan en 1726. Antes de esta fecha no hay mención alguna de ella, ni por nombre ni por localización. Este dato podría estar indicándonos la fecha de su fundación. Proponemos que la existencia de estas ermitas nos señala los procesos naturales de asentamiento que acompañaron el acaparamiento de tierras en esta región. Existía población cristiana en zonas alejadas de El Barrero y El Piñal, ejes poblacionales conocidos para la zona desde la perspectiva de la historia de Caguas.

---

[238] CSJ 2M(1723-1748)F29.

CAPELLANÍAS RURALES

Otra característica interesante de la región centroriental yace en su clasificación como capellanía rural, sin parroquias, en la primera mitad del siglo XVIII. Aunque, como veremos, Caguas tenía cura rural en 1685, este partido no fue mencionado en la cédula real de 1692 dirigida al obispo Fray Francisco de Padilla. En ella, se le recrimina por haber nombrado "curas regulares en los pueblos de San Francisco de la Aguada, pueblo del Arecibo, Ponce, Coamo, Buena Vista y Boca de Loíza, sin intervenir en ello ni darle parte [al Real Patronato]". [239] ¿Sería Buenavista?

En 1728 el obispo de Puerto Rico, fray Sebastián Lorenzo Pizarro, escribió al Papa en relación al estado espiritual de la diócesis. En esa ocasión informó que "en Caguas halló una ermita que fue centro religioso de unos colonos de caña." [240] Lamentablemente, no nos da más información sobre ella. Sin embargo, existe el registro de la visita del Obispo a la ribera del Arecibo el año siguiente. En esa visita reportó una ermita en la ribera de Manatí. Su relato nos revela el rol de estas instituciones:

> Hemos hallado y visitado una ermita con su capellán salariado por sus moradores, y son parroquianos de esta iglesia, de quien reciben el consuelo, y son asistidos con el Santo Sacrificio de la misa, sin perjuicio del derecho parroquial; y porque en esta Ribera suelen morir algunos que no pueden, por las razones expresadas, venir a ser enterrados en la parroquial, permitimos que puedan ser enterrados en la dicha ermita por vía de depósito, y de ella se saquen los huesos y los trasladen a la parroquial, pagándole los debidos derechos al cura, y así mismo permitimos por cesación de razón e inconvenientes a los moradores de dicha ribera y sus mujeres que en sus enfermedades y partos, no siendo de comodidad, no estén obligados a venir al pueblo. [241]

---

[239] *Al Obispo de Puerto Rico diciéndole ha hecho novedad pase a proveer los curatos del pueblo del Arecibo y otros sin intervención del gobernador.* 17 sept 1692. AGI, SD 26, fs. 283v–284.

[240] Parroquia del Dulce Nombre de Jesús de Caguas, Padres Redentoristas. *Mosaico cagüeño* (Caguas: Cooperativa de Artes Gráficas Romualdo Real, 1965), 8.

[241] Generoso Morales Muñoz. "Primera visita pastoral del Obispo Pizarro al pueblo de iglesia de la ribera del Arecibo, 1729". *Boletín de Historia Puertorriqueña*. Vol. I, Núm. 7 (junio 1949), 216.

Sobre las capellanías, Torrech San Inocencio afirma que "mediante las capellanías la Iglesia adquirió titularidad sobre de grandes extensiones de tierras, a menudo hatos y estancias. Aquellos que podían pagarlas, fundaban una o más capellanías con el propósito de procurar la salvación de su alma, usualmente mediante un compromiso de misas y rezos a perpetuidad". [242]

Para entender mejor este fenómeno, hay que conocer la incapacidad de la Iglesia para fundar templos en la Isla. Terminando el siglo XVII, solo se habían fundado seis parroquias (San Juan, San Germán, Coamo, Arecibo, Aguada y Ponce). Las capellanías rurales "solucionaron las necesidades religiosas de los núcleos de viviendas formados a su alrededor en los campos, haciendas, ingenios de azúcar y hatos de ganado". [243]

José Manuel García Leduc destaca la importancia de la Iglesia como ente financiador de capital para los pequeños hacendados en Puerto Rico. Sobre las capellanías, señala que había dos tipos: las eclesiásticas, "que se establecían con la autorización, participación y control de las autoridades eclesiásticas", y las laicas, donde estas no intervenían. Entendemos que la de Caguas correspondía a la primera categoría, puesto que los capellanes eran nombrados por el obispado. Esto la haría una capellanía colativa. [244]

El pleito que surgió entre el gobernador Iñigo de la Mota Sarmiento y el cabildo de la Catedral de San Juan nos permite conocer algunos detalles sobre las capellanías que se establecían en los hospitales.

> ...aunque es así verdad que a SM le pertenece todo el patronazgo de las Indias y la presentación de los ministros eclesiásticos y a los

---

[242] *Saludospr.* http://www.saludospr.com/aut/torrech/nombres.html. Capturado el 16 de mayo de 2015. En los libros de la Catedral de San Juan se encuentran actas de bautismos realizados por los curas capellanes de otros partidos o sitios. Entre ellos, en el tercer libro de Bautismos de Pardos (1715–1729), encontramos a Antonio Sánchez Múxica, de Bayamón; Juan Alonso González, del Toa; y Diego de Castilla, de Loíza.

[243] Thomas S. Marvel y María Luisa Moreno. *Architecture of Parish Churches in Puerto Rico* (Río Piedras: Universidad de Puerto Rico, 1994), 16. Continua señalando las responsabilidades de los dueños de hatos y haciendas: "...estaban obligados a costear la construcción de una capilla, proveerla 'de ornamentos, vino, cera y todo lo necesario para celebrar' y proveer el sustento del capellán".

[244] José Manuel García Leduc. *Censos y capellanías. La Iglesia Católica como entidad financiera en Puerto Rico (siglo XIX): algunos aspectos generales* (San Juan: Editores Independientes Asociados, 2010), 14–15.

que en su nombre les toca esto, no se entiende en cuanto a las capellanías que particulares personas instituyeron de sus propios bienes, nombrando los patrones que quisieren y siendo así que la que instituyó Francisco Juancho de Luyando fue de esta calidad, y no hay causa para que el dicho gobernador pretenda tocar el nombramiento ni haberlo usurpado a que ayuda que esta capellanía se fundó y tiene ser antes de la cédula del Real Patronazgo por haber más de cien años que se fundó… [245]

Como hemos señalado, el primer libro sacramental del Partido comienza en 1730, aunque hay un acta de defunción de 1728. Sin embargo, desde antes, existían en San Juan curas responsables por los moradores de Caguas. Entre ellos, en 1660 aparece el arcediano don Bernardino Benítez de Andrada y Luyando oficiando un matirmonio "en el valle de Caguas, sitio del Piñal". [246] En 1685 son registrados Juan de Xibaja, "cura del partido de Caguas", y el padre Amaro Delgado, como "cura rural del partido de Caguas". En 1696 se asienta el de Clemente, hijo legítimo de Francisco Sedeño y de Juana de San Juan, "a quien echó agua en el sitio de Caguas el padre don Francisco Rabelo, capellán de aquel partido"; fue su padrino Alonso Delgado. [247]

Entre 1713, 1724, 1726, 1728 aparecen referencias a Juan Ximénez de Funes como "cura del Partido de Caguas" y "cura capellán del partido de Caguas". [248] Todavía en 1726 encontramos referencias al "sitio de Caguas" conviviendo con "Partido de Caguas". [249]

Con el comienzo de las actas asentadas en un libro propio para las iglesias del partido, aparece un Luis de Sotomayor como "cura de este partido", sin aclarar si era capellán. [250] Su tenencia de la capellanía queda confirmada en un acta asentada en el tercer libro de bautismos de la

---

[245] *Carta del gobernador José de Novoa Moscoso al Rey.* 15 mar 1661. AGI, SD 157, R.1, N.19, f.11.
[246] CSJ 1M(1653–1725)F41.
[247] CSJ 1B(Blancos 1645–1702)F135v.
[248] CSJ 2B(Blancos 1706–1723)F59v y 96, y CSJ 1M(1653–1725) fs. 174, 175v y 406, los primeros dos "…con orden del Ilustrísimo y Reverendísimo Sr. Obispo, don Fray Francisco de Padilla", y Ximénes "con licencia del señor provisor y vicario general, arcediano licenciado don Tomás Sánchez de Páez". CSJ 2B(Blancos 1706–1723)F59v; CSJ 3B(Blancos 1723-1738) fs. 22v y 46v.
[249] En dos actas consecutivas donde se menciona que al bautizado se le había echado agua por necesidad, en una se refiere al sitio de Caguas y en la otra al Partido de Caguas; en ambos casos, el padre Juan Antonio de Funes era el responsable.
[250] ACDNJC 1D(1730–1770), f. 1, actas 1 a 4, y CSJ 3B(Blancos 1724-1738)F5v.

Catedral de San Juan. En ella se registra el de Juan Ventura, hijo legítimo de don Juan de Rivera Falcón y de Isabel María de Olmedo [Almeida], siendo el padrino "Luis de Sotomayor, cura capellán del Partido de Caguas". [251] En la tabla 8 presentamos los curas capellanes que registran actas en los primeros libros sacramentales. [252]

En 1750, don Nicolás Rodríguez Casanova pasa de "cura capellán de las iglesias de dicho partido" a ser identificado como "cura en propiedad de la iglesia del Dulce Nombre de Jesús sita en el Piñal". Menciona que por estar ausente del partido, el padre don Andrés José Natera fue interino. A pesar de que para 1753 aparece otro cura interino, don Juan Collazo de Torres, las actas continuaron siendo firmadas por Rodríguez Casanova. Todas las actas de Collazo tienen una nota de Rodríguez Casanoa que lee: "por no estar esta partida en debida forma la pongo a continuación". [253]

Imagen 4
Firmas de curas capellanes del Partido de Caguas

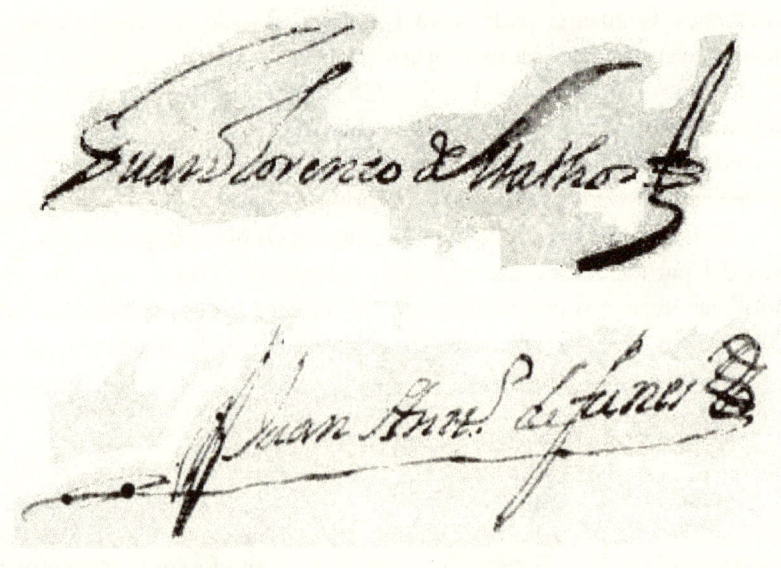

[251] CSJ 3B(1723–1738)F73v.
[252] En las actas de bautismos asentadas en la Catedral de San Juan se encuentran varias que hacen referencia a los curas capellantes de las riberas de Toa y de Loíza; las fechas que aparecen en la tabla 12.1 se basan en ellas.
[253] ACDNJC 1D(1730–1770), fs.25–25v.

En sus relaciones de méritos, Pablo Julián de Ángel incluye haber solicitado la capellanía del partido de Caguas que se encontraba vaca por dejación hecha por su poseedor propietario anterior, don Pedro Lorenzo Rodríguez. [254] Sin embargo, no había entrado a religioso; esto podría explicar por qué no aparece en el listado. La mayoría de estos religiosos eran monjes de la orden de San Basilio. [255] De hecho, en la visita que realizó el obispo don Sebastián Lorenzo Pizarro en 1734, se le identifica como "del orden del Señor San Basilio Magno". [256] Hasta el 1774 ofician curas capellanes, lo que sugiere las iglesias del partido se administaron de la manera expuesta.

---

[254] *Méritos: Pablo Julián de Ángel García.* 12 jul 1744. AGI, IND 228, N.36, folios marcados 378–380.

[255] Según la Enciclopedia Católica, las cualidades más destacables de la Regla Basiliana son su prudencia y su sabiduría. "Deja a sus superiores el cuidado de establecer los muchos detalles de la vida diaria local e individual; no determina el material que es ejercicio de la práctica religiosa o de los reglamentos administrativos del monasterio. Pobreza, obediencia, renuncia y abnegación son las virtudes en las que se basa San Basilio para la fundación de la vida monástica". "Regla de San Basilio". *Enciclopedia Católica Online.* Ecwiki. http://ec.aciprensa.com/wiki/Regla_de_San_Basilio. Captuado el 12 jun 15.

[256] ACDNJC 1B(1730–1766)F13.

Tabla 8
Curas capellanes del Partido de Caguas

Nombre	Años	Observación
Juan de Xibaja	1685	"Cura rural del partido de Caguas". Primer libro de bautismos de blancos de Catedral de San Juan.
Amaro Delgado (no se identifica nunca como capellán)	1687, 1688	Primer libro de bautismos de Pardos, Catedral de San Juan. Aparece simplemente como "cura del partido de Caguas".
Francisco Rabelo	1695–1697	Primer libro de bautismos de blancos Catedral de San Juan, folios 135v y 141, entre otros
Lcdo. Francisco Sanabria	1697–1702 [259]	Primer libro de bautismos de Pardos de Catedral de San Juan, foliio 119. Primer libro de bautismos de blancos Catedral de San Juan, folio 145v.
Félix de Villalta [¿?]	1703	Echó agua en casa a esclavos de Antonio López de Armas, especificándose en uno que fue en el Partido de Caguas, sin identificar al cura.
Juan Ximénez de Funes	1713–1728	Varios libros sacramentales de la Catedral de San Juan; "cura del Partido de Caguas".
Luis de Sotomayor	1730–1732	"Cura de este Partido", "Cura capellán del Partido de Caguas".
Fray Juan Sánchez Camilo	1732–1733	"Cura interino del partido de Caguas".
Ignacio Sánchez Páez	1733–1735	"Cura de este partido de Caguas". Identificado como capellán en la visita del obispo de 1734.
Gaspar López de Armas	1735–1737	"Cura capellán de las iglesias de Caguas"; "del partido de Caguas".
Pedro Lorenzo Rodríguez	1737–1738	
Padre Mateo Capellán	1738–1741	
Pedro de Alcántara Serrano	1742–1744	
Pablo de Santiago	1744–1746	"Cura capellán del partido de Caguas y sus ermitas".
Nicolás Rodríguez Casanova	1747–1762	"Cura capellán de las iglesias de dicho partido"; "cura en propiedad".
Francisco Antonio Berrios	1762–1763	"Cura interino".
Fray Agustín Ricardo	1763	"Cura regente de esta Santa Iglesia".
Pedro de Arroyo	1763–1770	"Cura capellán interino".

Fuente: ACDNJC Libro Primero de Defunciones (1730–1770); CSJ 1B(1645–1706), 2B(1706–1723) y 3B(1723–1738)

Buscando referencias en otros partidos, encontramos que la iglesia de Río Piedras fue ermita antes de la fundación del pueblo. Al igual que Caguas, su administración no era de parroquia, sino de capellanía, y los moradores estaban obligados a mantener el edificio. Una porción del expediente de 1754 relata el proceso seguido para la reedificación del edificio, la asignación de su advocación, y las responsabilidades asignadas a sus vecinos:

> [roto] s Don Juan Dávila S [roto] Arcediano Dignidad de la Santa Iglesia Catedral de esta ciudad, Comisario Adjunto subdelegado general de la Santa Cruzada, Juez Provisor y Vicario General de este Obispado, sede vacante.
>
> Por cuanto por auto de este día en los obrados sobre la pretensión de diversos moradores en la ribera de Río Piedras de reedificar en ella nueva iglesia como la hubo en tiempos pasados para el servicio [roto] la capellanía curada de dicha ribera, hemos mandado despachar la licencia necesaria en [roto] ción ha constituirse y obligarse a su reedifica[ción] y proveerla de todos los ornamentos y alhajas correspondientes a su mayor decencia y ministerio y que en este supuesto ha prestado su consentimiento el señor Gobernador y Capitán General de esta ciudad de Isla, como Vice Patrono de S.M., con las corresponde por parte del Real Patronato, y señalado el sitio, por tanto [roto] sando de la facultad que en este caso nos compete cor [roto], damos la dicha licencia porque en el sitio se p [roto] se pueda construir dicha nueva iglesia con el título y advocación de Nuestra Señora del Pilar y San Juan Nepomuceno, cuya fábrica perficionada [sic] y provista de todos ornamentos y alhajas conducentes a [cambia de folio] [roto] reconociéndose nuestra comisión para por [roto] [roto] utaremos por diligencia de inventario e [roto] te su dualidad, proceda a bendencirla conforme ritual romano celebrado en ella supra misa en el altar que para este efecto se ha de e[regir]donde sean colocados las efigies e imágenes de titulares, y después en dicho altar e iglesia se pueda celebrar y celebre el santo sacrificio de la misa por el Padre Cura Capellán de aquel [roto] río y demás sacerdotes que por su devoción o reco[men]dación de los feligreses y demás fieles quisieren celebrarla; y estos puedan

concurrir y af [roto] oirlas en cualquiera días por prescepto [roto] deputándose una persona de aquellos vecinos [roto] tenga a su ciudado el de dicha Iglesia con entrega de todo lo a ella perteneciente por juridición in[ven]tario: y exhortamos y amonestamos a [roto] que con tan cristiano celo se han [roto] do a obra tan piadosa de la Divina [roto] no desmayen, sino que ocntinúen env [roto] ta perfeccionarla, y a los demás que a su [roto] ción se esfuercen a contribuir con [roto] xiliándoles para que así no se do [roto] el cons [roto] la para las espiritua [les] importanci [as]... [257]

Capellanías

En varias ventas de terrenos realizadas por los hijos y nietos de don Juan Gregorio Delgado, donante – junto a su primo y suegro, Tomás Díaz de Ávila – de las 81 cuerdas donde se desarrolló el pueblo de El Barrero, se hace mención a capellanías. Entre estas ventas, se encuentra la que hizo doña María Monserrate Ximénez, viuda mayor de 40 años, a doña Josefa de Santiago de Soto en 1846. Las dos cuerdas y un cuadro de terreno que le tocaron de la divisoria de su difunto esposo, don Juan Delgado, estaba gravada con una capellanía de 275 pesos y 4 reales, y sus réditos.

Certifico: con vista del libro de anotaciones de mi cargo que un pedazo de terreno de terreno [sic] colindante con don Ildefonso Sotomayor y don Pablo Jiménez, radicado en Turabo y sitio de Cortameao que se dice ser de la propiedad de doña Monserrate Giménez, no se halla gravada ni hipotecada por estar a favor de ramo alguno; pero sí es de advertirse que por su difunto esposo, don Juan Delgado, se encuentra gravada una posesión en el barrio de Turabo y sitio de Cortameao a la responción de doscientos setenta y cinco pesos cuatro reales de capellanía perteneciente al cura párroco de Toa Alta, don José María Martínez, como fiador que fue de don José María Ramírez y su esposa, doña María

---

[257] AGPR, FGE, APC (1754–1824), caja 187. El documento que contiene esta información está en muy malas condiciones, faltándole pulgadas a ambos márgenes, y teniendo el texto perforado por la polilla.

Monserrate Ramírez; y al pedimento de parte libro la presente en Caguas a catorce de diciembre de mil ochocientos cuarenta y seis.

[firma] Antonio Rosario [258]

Gil Bermejo reflexiona sobre los gravámenes que los propietarios de tierras les ponían en el siglo XVII, siendo las causas la necesidad de capital, o asegurar la tenencia de la propiedad. Según señala, "todos los establecimientos azucareros de que tenemos noticias estaban gravados con hipotecas o censos en mayor o menor cuantía… la falta de capitales para esta actividad económica era notable y con caracteres endémicos". Otra opción, que utilizó Miguel Enríquez, era la de crear capellanías a favor de un familiar para alejar la propiedad de posibles embargos. [259]

Para cerrar este apartado, nos ocupamos de una capellanía cuyo capital de 298 pesos fue reconocido a don José Ríos, capitán de Milicias de Infantería de la Isla. El dinero correspondía "a la parroquia de Caguas por la dotación de la festividad que allí se celebra a la Asunción de la Virgen Santísima el quince de agosto de cada año en [roto] advocación de Altagracia". Ríos hipotecó su hacienda en el sitio de Cañabón. Al hacerlo, exoneró a su anterior inquilino, Manuel de la Rosa Candelaria. [260] Debemos recordar que la patrona de la parroquia de Juncos, fundado en terrenos del coto de Gurabo – que perteneció a Caguas hasta el 1822 – es Nuestra Señora de la Asunción.

---

[258] *Venta de terreno*. 14 dic 1846. Archivo General de Puerto Rico, Fondo de Protocolos Notariales; Humacao – Caguas, Notario: Agustín Rosario, caja 976, f.124.

[259] Gil–Bermejo, *Panorama histórico*, 124.

[260] (sin título). 1836. AGPR, FPN, Humacao–Caguas, Eusebio Núñez, 1835-37, caja 969, número de folio roto.

Imagen 5
Acta de bautismo de un morador en el Partido de Caguas

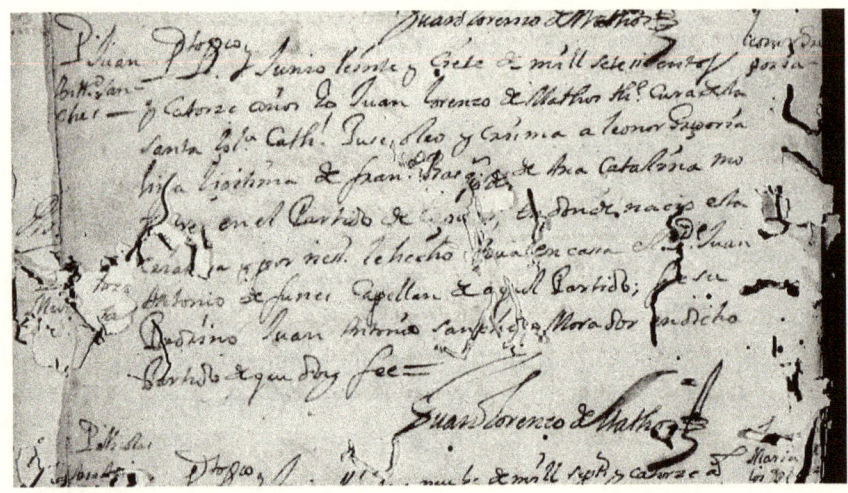

Fuente: CSJ 2B(Pardos, Morenos y Esclavos 1706–1714)F117v.

Alcaldes de la Santa Hermandad

Entre los funcionarios reales de los cabildos, se elegía anualmente a los alcaldes de la Santa Hermandad. Sus funciones los llevaba a entender en las causas civiles y criminales, y administrabar la justicia en los pueblos de su partido o "en la tierra adentro", "en los pueblos del partido que les toca, y deben visitarlos". [261] Describiendo este puesto en la vecina isla de La Española en 1730, Rudolf Widmer describe el trabajo colaborativo de los alcaldes con los Alcaldes de la Santa Hermandad de la siguiente manera: "[e]n la villa, los mismos regidores se encargaban de vigilar la observancia del orden; para los numerosos campos sujetos a la jurisdicción del cabildo, se diputaban los Alcaldes de la Santa Hermandad". [262] Sobre Santo Domingo, se han identificado las responsabilidades de estos funcionarios como sigue:

> Llamados también alcaldes de campo o del monte, estos oficiales cumplían funciones de policía, tenían que inspeccionar cada año por lo menos una vez los asentamientos rurales de su jurisdicción, y actuaban como jueces auxiliares en delitos menores que se cometían fuera del casco urbano de la villa. Cada uno de los dos titulares tenía su distrito. Eran elegidos anualmente por el cabildo al igual que los regidores y alcaldes ordinarios, el cargo era confirmado por el gobernador, "hecho que conferiría prestigio y quizás hasta cierta autonomía al cargo". [263]

Como vimos, en las riberas del Toa y de Loíza había alcaldes de la Santa Hermandad. En la demanda que se puso en 1700 a los herederos del gobernador Juan Fernández Franco de Medina se incluye una amonestación a los alcaldes de la Santa Hermandad entre los años 1695 y 1698 por el incumplimiento de sus oficios. Nos dejan entrever las

---

[261] Abbad y Lasierra, *Historia geográfica, civil y natural…*, 146.
[262] Rudolf Widmer S. *La propiedad en entredicho. Una historia documental de Higüey, siglos XVII-XIX* (Santo Domingo: Editora Manatí, 2004), 115.
[263] Martha Pacheco, Ponssy Alexis y Kelvin Mejía. *Los Alcaldes de la Santa Hermandad en Santo Domingo Colonial, siglos XVI-XIX.*
http://www.historiadominicana.com.do/historia/colonial/357-los-alcaldes-de-la-santa-hermandad-en-santo-domingo-colonial-siglo-xvi-xix.html. Capturado el 1 de abril de 2012.

responsabilidades correspondientes a "su tribunal", con las que no cumplieron: seguir y castigar reos y delincuentes, limpiar los campos de agresores y vagamundos; mantener libros y papeles y arca de archivo a donde guardar las penas de las condenaciones; entregarse unos a otros los inventarios de causas pendientes. [264]

Los Alcaldes de la Santa Hermandad eran elegidos el primero de enero de cada año, junto con los regidores, alcaldes ordinarios, y otros funcionarios del cabildo. Algunas actas del Cabildo de San Juan nos permiten un atisbo a otras responsabilidades. Conocemos también que por real cédula, en 1735 se mandó cobrar la media anata de los alcaldes por el tiempo que fueran electos. También se deja entrever que eran estos Alcaldes "ante quienes suelen hacer dichas ventas [de terrenos de unos vecinos a otros]". [265] En su informe sobre el estado de la Isla, Alejandro O´Reilly reportó que los derechos anuales de alcaldes ordinarios y de la Santa Hermandad importaban 18 pesos con 2 reales y 22 maravedís. [266]

A continuación presentamos un listado parcial de los Alcaldes de la Santa Hermandad que respondían al Cabildo de San Juan. Para él, recopilamos datos de las Actas del Cabildo de San Juan, y de algunas residencias a los gobernadores. La mención más antigua que hemos encontrado a estos alcaldes es de 1596, cuando se acusó a Diego Menéndez de tener a su cuñado, Gregorio de Valdés, por alcalde ordinario de la ciudad y de la Santa Hermandad. Este dato nos indica que ambos oficios podían ser compartidos por una misma persona para ese periodo. [267]

El 10 de diciembre de 1661 se bautizó en la catedral de San Juan Clemencia, hija legítima de don Josef de Ávila Villavicencio y de doña Isabel Rabelo Falcón. El padrino fue don Juan de Valdés, identificado como alcalde de la Santa Hermandad, sin identificar de qué banda. [268]

---

[264] *Demanda puesta por diferentes vecinos y moradores de esta isla a los bienes embargados al Sargento Mayor Don Juan Fernández Franco de Medina, gobernador y Capitán General que fue de esta isla sobre ciertas cantidades de reales que lo importaron los bastimentos de carne, casabe, plátanos y otras cosas comestibles que les ordenó dieran por tiempo de seis meses a las familias que trujo al tiempo y cuando vino a este gobierno.* 1700. AGI, ESC 126A, Pieza 12, desde f.904. También Pieza 23, cargo número 8.

[265] Gobierno de la Capital. *Actas del Cabildo de San Juan, 1730-1750*. Acta 76, 24 de diciembre de 1736. La media anata era el pago de la mitad del beneficio o salario del oficio, que quien lo recibía debía pagar por adelantado a la Corona.

[266] Fernández Méndez, *Crónicas de Puerto Rico*, 249.

[267] *Sentencia de la residencia que se tomó al gobernador Diego Menéndez*. 30 ene 1596. AGI, ESC 1184.

[268] CSJ 1B(Blancos 1645–1702)F117.

Tabla 9
Alcaldes de la Santa Hermandad del Partido de Puerto Rico
Periodo 1664–1668 [269]

Año	No especifica área	No especifica área
1663	D. Diego Pérez Basco	D. Bernardino Fránquez
1664	D. Alonso de los Olivos	D. Felipe Fránquez
1665	D. José Serrano	No dice
1666	D. Cristóbal Múxica	D. Felipe Fránquez
1667	D. Alonso de los Olivos	D. Felipe Fránquez
1668	No disponible	No disponible
1669	D. Juan Millán	D. Bernardino Fránquez

Periodo 1684–1690 [270]

Año	No especifica	No especifica
1684	D. Juan de los Olivos	D. Fernando de Castilla
1685	D. Juan de la Rasa	D. Juan Calcanio
1686	Ignacio Fernández	Sebastián Gutiérrez de Ávila
1687	Diego López Saldaña	D. Juan Caballero [Loíza]
1688	D. Juan Dávila	Gerónimo de Agüero
1689 [271]	D. Alonso de los Olivos	D. Diego de Céspedes
1690	No se menciona	D. Diego de Céspedes
1690	Juan Bautista Calcanio	Diego de Céspedes
1691	D. Juan de la Rasa	D. Juan Caballero
1692	Diego López Saldaña	D. Juan de los Olivos
1693	D. Diego de Céspedes	José de Amézquita
1694	D. Juan de Ávila Gaitán	D. José de Amézquita
1695	D. Juan de la Rasa	Gerónimo de Agüero

[269] "Autos originales hechos sobre la recaudación de los bienes pertenecientes al capitán Almendroz en cuyo derecho sucedió SM...". *Residencia del gobernador D. Gaspar Martínez de Andino.* 1689. AGI, ESC 124A, Pieza 8.

[270] "Certificación hecha por Sebastián Gutiérrez de los cabildos de la ciudad de San Juan". *Residencia tomada a don Gaspar Martínez de Andino del tiempo que fue gobernador de Puerto Rico.* 1689. AGI, ESC 124A.

[271] En el matrimonio de don Josef de Amésquita, realizado en San Juan el 26 de julio de 1689, se le identifica como "alcalde de la Santa Hermandad de la jurisdicción de esta ciudad". CSJ 1M(1653–1725)F212. Para 1609-1695: "Auto para que el escribano de testimonio del día que tomó posesión Arredono" 1697 *Residencia tomada a don Gaspar de Arredondo.* 1689. AGI, ESC 125A.

Periodo 1695–1699 [272]

Año	Loíza/Boca de Loíza/Caguas	Toa
1695	Juan de la Nava [sic, Rasa]	Gerónimo de Agüero
1696	Joseph Dávila	Juan Bautista Calcaño
1697	Diego de Céspedes	Alférez Domingo Fernández de Silva
1698	Juan Alonso Ramos	Alférez Domingo Fernández
1699	D. Andrés Montañez	D. Juan Bautista Calcanio

Juan Bautista Calcaño fue quien en 1701 embargó los bienes del capitán Francisco Delgado Manso por la acusación que se le hizo de contrabando. [273] Conocemos que Juan de Rivera Falcón era el alcalde de la Santa Hrmandad de Loíza en 1709 porque así fue identificado en el matrimonio de su hija, Juana, con Julián de los Reyes Delgado. En 1716 fue identificado como tal José de la Cruz. [274]

---

[272] "Demanda puesta por diferentes vecinos y moradores de esta isla a los bienes embargados al Sargento Mayor Don Juan Fernández Franco de Medina, gobernador y Capitán General que fue de esta isla sobre ciertas cantidades de reales que lo importaron los bastimentos de carne, casabe, plátanos y otras cosas comestibles que les ordenó dieran por tiempo de seis meses a las familias que trujo al tiempo y cuando vino a este gobierno". 1700. *Residencia del gobernador Francisco Fernández Franco de Medina*. AGI, ESC 126A, Pieza 12, desde f.904. La tabla 3 también sale de este expediente. Para 1699: "Petición de la Audiencia de Santo Domingo para que nombre abogado y receptor". 1699. *Residencia del gobernador don Antonio de Robles y Silva*. 1699. AGI, ESC 126B, Pieza 1.

[273] *Causa Criminal seguida de oficio de la Real Justicia, contra algunos moradores del pueblo de Ponce en esta Isla de Puerto Rico sobre la pesquisa y averiguación del comercio que ejecutaron con tres balandras extranjeras que llegaron a aquel puerto por la Cuaresma.* 1701. AGI, SD 537.

[274] CSJ 1M(1653-1725) fs. 344 y 387. En 1714, Rivera Falcón sería identificado como sargento mayor (f.347v).

Periodo 1724–1750 [275]

Año	Loíza/Boca de Loíza/ Caguas	Toa
1724	Pedro Francisco Sedeño *	Capitán Manuel de Torres Caraballo *
1725	Capitán Martín Carrasquillo	Alférez José de la Cruz
1726	Martín Carrasquillo	Francisco Antonio de la Torre
1727	José Dávila Saldaña	Francisco Antonio de la Torre
1728	Pedro de Rivera	Tomás Dávila
1729	José de Castro	Alonso Dávila y Olivos
1730	Alonso Dávila y Olivos	Alférez José de la Cruz
1731	Jorge de Castro [Boca de Loíza]	Juan Dávila
1732	Pedro de Ribera	Lorenzo de Guzmán
1733	Diego de la Torre	Francisco Ramos
1734	José de Castro *	Francisco Meléndez *
1735	Julián Delgado de los Reyes [Ribera de Loíza]	Tomás Montalvo
1736	Gerónimo de Castro [Loíza]	Juan Francisco Ramos
1737	Julián Delgado	Bernardino Montañez
1738	Juan Gregorio Delgado [ribera de Loíza]	Sargento José Ramón
1739	Gerónimo de Castro	Baltazar Montañez y Olivares
1740	Pedro de Rivera	Capitán Mayor Manuel Meléndez
1741	Juan Gregorio Delgado	Capitán Francisco Correa
1742	Juan Gregorio Delgado	Francisco Correa
1743	Capitán Francisco Carrasquillo *	Francisco López *
1744	José Silva *	Manuel Meléndez *
1745	Alférez José de la Cruz [Partido de Loíza]	Alférez Tomás de Rivera
1746	Teniente Clemente de Castro	Teniente Reformado Francisco López
1747	Alférez José Astacio de la Cruz	Manuel Ramos Colón
1748	Juan Gregorio Delgado [Caguas]	Caitán Jorge García Páez
1749	Benito de la Cruz [Partido de Loíza]	Bernardino Aponte
1750	Julián Delgado [Loíza]	Raimundo Martínez

* El acta no identifica la jurisdicción de cada uno; la estamos estimando.

---

[275] Para 1724–1730, Ángel López Cantos. "Unas certificaciones de las actas del Cabildo de San Juan de Puerto Rico, 1724-1730". *La Revista. Centro de Estudios Avanzados de Puerto Rico y el Caribe*. Núm. 10, (enero a junio 1990): 41–53. 42. Para 1730–1750, Gobierno de la Capital. *Actas del Cabildo de San Juan Bautista de Puerto Rico, 1730–1750* (San Juan: Administración General de Suministros, 1949).

A partir de 1775, en lugar de el Toa y Loíza o Caguas, las jurisdicciones de los Alcaldes se reporta como "Norte" y "Sur". Caguas ya tenía Teniente a Guerra.

Periodo 1761-1781 [276]

Año	Sur (incluye Caguas)	Norte
1761	Coamo: Juan Aponte Ramos	Arecibo: José Meléndez
1762	Coamo: Francisco Correa, el mozo	Arecibo: Felipe Marrero
1763	Caguas: Lorenzo de Mercado	Arecibo: José Correa
1764	Partido de Caguas, Guayama y demás: Juan Vázquez de Rivera	Arecibo: Diego Colón
1765	Banda del Sur: Benito de la Cruz Oliver	Banda del Norte: Andrés Quiñones, del Arecibo
1766	Banda del Sur: Manuel Rodríguez, sargento mayor de Coamo	Banda Norte: Eusebio Menéndez, teniente a guerra de Manatí
1767	Banda del Sur: Juan Marcelino de la Cruz	Banda Norte: José Meléndez [Valdés]
1768	José Raimundo Martínez *	Severino Xiorro
1769	Ignacio Baerga	Julián Delgado
1770	Antonio Colón de Torres	Narciso Cardona
1771	Luis de Castro	Juan Alonso Ramos
1775	Juan Aponte Collazo	Nicolás del Olmo
1776	Baltazar de Rivera	Diego García Pagán
1777	León de Rivera	Jacinto de Santana
1778	José Atilano Berríos	José Ortiz de Peña
1779	Ignacio Baerga	José Valdés
1780	Manuel Cabrera	Francisco del Valle
1781	Juan Pacheco	Eusebio Menéndez

Periodo 1782-1789 [277]

Año	Sur (incluye Caguas)	Norte
1782	Manuel de Castro	Antonio de Escobar
1783	Gregorio Ortiz	Antonio López
1784	Francisco de Burgos	Juan Lorenzo Navedo

---

[276] Gobierno de la Capital. *Actas del Cabildo de San Juan Bautista de Puerto Rico, 1761–1767* (Río Piedras: Imprenta Venezuela, 1952). Municipio de San Juan. *Actas del Cabildo de San Juan Bautista de Puerto Rico, 1767–1771* (Barcelona: Imprenta M. Pareja, 1965). Municipio de San Juan. *Actas del Cabildo de San Juan Bautista de Puerto Rico, 1774–1772* (Barcelona: Imprenta M. Pareja, 1966). Municipio de San Juan. *Actas del Cabildo de San Juan Bautista de Puerto Rico, 1777–1781* (Barcelona: Imprenta M. Pareja, 1966).

[277] Municipio de San Juan. *Actas del Cabildo de San Juan Bautista de Puerto Rico, 1781-1785* (Barcelona: Imprenta M. Pareja, 1966). Municipio de San Juan. *Actas del Cabildo de San Juan Bautista de Puerto Rico, 1785-1789* (Barcelona: Imprenta M. Pareja, 1966).

1785	Gerónimo de Aponte	José Osorio Velasco
1786	Pedro Ximénez	Nicolás Correa
1787	José de Rivera	José Antonio Ortiz
1788	José Carmona	Cayetano Cabrera
1789	Juan de Quiñones	Manuel Cardona

Periodo 1792–1798 [278]

1793	José Aguayo * y Tomás Rivera de Matos*	
1794	Juan Correa e Ignacio García Salinas	
1795	Francisco de Torres Valejos e Ignacio García Salinas	
1796	Juan Lorenzo del Olmo y José Valente	
1797	Banda Sur: Astacio de Rivera Candosa	Banda del Norte: Pedro Colón
1798	Banda Sur: José Mateo Madiedo	Banta Norte: Pedro Colón Reyes – reelecto

* "Para toda la jurisdicción de esta ciudad"

---

[278] Municipio de San Juan. *Actas del Cabildo de San Juan Bautista de Puerto Rico, 1792–1798* (Barcelona: Imprenta M. Pareja, 1967).

BIBLIOGRAFÍA

Fuentes documentales

Archivo General de Indias

Casa de la Contratación

1142, N.8. *Registro del navío Nuestra Señora de la Concepción.* 1603.

1144A, N.1, R.6. *Registro del navío Nuestra Señora de la Concepción.*1604.

1160, N.2. *Registro del navío Nuestra Señora de la Hiniesta.* 1613.

1170A, N.5. *Registro del navío De Atocha y San Francisco.* 1621.

1174, N.1, R.5. *Registro del navío Nuestra Señora de la Consolación.* 1625.

Escribanía de Cámara

124A, Pieza 8. *Residencia del gobernador D. Gaspar Martínez de Andino del tiempo que fue gobernador de Puerto Rico.* 1689.

125A. *Memoria de los frutos, reses y dinero que dan entre los vecinos de los partidos de esta Isla para la fábrica y carenas de las dos embarcaciones de Su Majestad que se hallan en este puerto carenando las de firme...* 1700.

125A. *Residencia tomada a don Gaspar de Arredondo.* 1689.

125B, Pieza 22. *Autos fulminados por el Maestro de Campo Gaspar de Arredondo en vista de una Real Cédula de S. M.* 1700.

126A. Pieza 12. *Demanda puesta por diferentes vecinos y moradores de esta isla a los bienes embargados al Sargento Mayor Don Juan Fernández Franco de Medina, gobernador y Capitán General que fue de esta isla sobre ciertas cantidades de reales que lo importaron los bastimentos de carne, casabe, plátanos y otras cosas comestibles que les ordenó dieran por tiempo de seis meses a las familias que trujo al tiempo y cuando vino a este gobierno.* 1700.

126A, Pieza 23. *Residencia del gobernador Juan Fernández Franco de Medina, gobernador de Puerto Rico.* 1699.

126B, Pieza 1. *Residencia del gobernador don Antonio de Robles y Silva.* 1699.

141C. *Comisiones de la gobernación de Puerto Rico.* 1724.

141E. *Autos originales y demás diligencias hechas por el Sargento Mayor Don Francisco Danio Granados Gobernador y Capitán General de esta isla sobre el asiento y población de las familias de Islas Canarias que se remitieron a esta de Puerto Rico, situación y repartimiento de tierras en el sitio que se dice de Buena Vista y Humacao y asistencia para su manutención.* 1723.

1184. *Sentencia de la residencia que se tomó al gobernador Diego Menéndez.* 30 ene 1596.

Indiferente General

202, N.33. *Relación de Méritos y Servicios de Tomás Martín de Luyando*. 1675.

228, N.36. *Méritos: Pablo Julián de Ángel García*. 12 jul 1744.

421, L.11. *Libertad al cacique Juan de Humacao*. 26 nov 1526.

Justicia

980. *Capítulos que Diego de Cuéllar Daza le puso al gobernador Bahamonde. 1568.*

Patronato Real

176, R.6. *Baltasar de Castro: Desembarco de los indios caribes*. 16 nov 1520.

176, R.32. *Informaciones sobre los ataques de los indios Caribes*. 1557.

287, R.144. *Confirmación de ordenanzas*. 1560.

294, N.2. *Relación de la Isla de San Juan de Puerto Rico*. 1582.

Real Audiencia de Santo Domingo

26. *Al Obispo de Puerto Rico diciéndole ha hecho novedad pase a proveer los curatos del pueblo del Arecibo y otros sin intervención del gobernador.* 17 sept 1692.

51, R.6, N.71. *Carta de Cristóbal de Ovalle, presidente de la Audiencia de Santo Domingo*. 31 de octubre de 1583.

52, R.5, N.28. *Carta de Antonio Osorio, presidente de la Audiencia de Santo Domingo, al Rey*. 20 ago 1605.

52, R.6, N.73. *Carta de Antonio Osorio, presidente de la Audiencia de Santo Domingo*. 12 oct 1606.

54, R.1, N.9. *Carta de Diego Gómez de Sandoval, presidente de la Audiencia de Santo Domingo al Rey*. 20 mar 1610.

155, R.7, N.54. *Carta del gobernador Francisco de Solís al Rey*. 13 ago 1575.

155, R.15, N.196. *Carta del gobernador Sancho Ochoa de Castro al rey*. 27 abr 1608.

157, R.1, N.19. *Carta del gobernador José de Novoa Moscoso al Rey*. 15 mar 1661.

157, R.2, N.36. *Cartas del gobernador Juan Pérez de Guzmán al Rey*. 31 may 1663.

157, R.4, N.101. *Carta de Gaspar de Arteaga, gobernador de Puerto Rico al Rey*. 14 jul 1671.

157, R.4, N.102. *Carta de Gaspar de Arteaga, gobernador de Puerto Rico al Rey*. 19 sept 1671.

157, R.7, N. 183. *Carta del gobernador Alonso de Campos Espinosa al Rey*. 15 sept 1677.

159, R.1, N.6. *Carta del gobernador Gaspar Martínez al Rey*. 1686, 1687.

160, R.1, N.2. *Carta del gobernador D. Gaspar de Arredondo al Rey.* 11 may 1690.

161, R.1, N.1. *Relato del motín de soldados de Puerto Rico.* 1691.

171. *Cartas de particulares. Alonso Delgado Manso.* 1675 y otros.

537. 1702. *Causa Criminal seguida de oficio de la Real Justicia contra algunos moradores del pueblo de Ponce en esta isla de Puerto Rico sobre la pesquisa y averiguación del comercio que ejecutaron con tres balandras extranjeras que llegaron a aquel puerto por la Cuaresma.* SD 2396. Cuarta Pieza. *Repartimiento de tierras y propiedades: Puerto Rico.* 1774–1790.

Archivo General de Puerto Rico
    Fondo de Gobernadores Españoles
        Serie: Agencias Gubernamentales; Secretaria, caja 368
        Serie: Municipios
            Aguas Buenas/Aibonito, cajas 396, 397
            Caguas, cajas 421, 422
            Cayey, caja 433
            Cidra, caja 439
            Gurabo, cajas 463 y 464
            Humacao, caja 469
            Hato Grande, cajas 466, 468
            Juncos, cajas 482–484
        Serie: Asuntos Políticos y Civiles
            Sub–serie: Tribunal de gobierno, 1754–1824, caja 187. *Repartimiento de solares del Hato Nuevo.* 1779
    Fondo de Obras Públicas
        Serie: Edificios Religiosos, caja 168
    Fondo de Protocolos Notariales
        Serie: Humacao – Caguas;
            Notario: Agustín Rosario, cajas 974, 975, 976
            Otros funcionarios, cajas 980, 981

Archivo Histórico Diocesano de San Juan
    Fondo Eclesiástico
        Catedral de San Juan
            Libro Primero de Matrimonios (1653-1725)

Libro Primero de Bautismos de Blancos (1645–1702)

Libro Segundo de Bautismos de Blancos (1706–1723)

Libro Tercero de Bautismos de Blancos (1723-1738)

Libro Primero de Bautismos de Pardos, Morenos y Esclavos (1672–1706)

Libro Segundo de Bautismos de Pardos, Morenos y Esclavos (1706–1714)

Libro Tercero de Bautismos de Pardos, Morenos y Esclavos (1715–1729)

Libro Primero de Defunciones (1726–1776)

Archivo Histórico Nacional

Inquisición

1618, Exp. 5. *Procesos criminales contra Diego Aguilera y Gamboa y Agustín Guilarte de Salazar.* 1655.

Ultramar

1065, Exp. 2. *Traslado de la Aduana de Humacao al puerto de Patillas.* 1818–1822.

1085, Exp. 43. *Denegada compra del cayo de Santiago.* 1859–1860.

2030, Exp. 6. *Gobernadores de Puerto Rico y Filipinas manden documentos eclesiásticos.* 1843.

2032, Exp. 1. *Expediente general sobre la cofradía de la Purísima Concepción.* 1833–1853.

2033, Exp. 7. *Se pide al Vice-Real Patronato aprobación de cofradías.* 1852.

Archivo de la Catedral Dulce Nombre de Jesús de Caguas

Fondo Parroquial

Libro Primero de Matrimonios (1730-1774)

Libro Primero de Bautismos (1730–1766)

Libro Primero de Defunciones (1730–1770)

Libro Cuarto de Entierros (1801-1810)

Fuentes impresas/libros

Abadd y Lasierra, Fray Íñigo. *Historia geográfica, civil y natural de la isla de San Juan Bautista de Puerto Rico.* San Juan, Imprenta y Librería Acosta, 1866.

_____. *Historia geográfica, civil y natural de la Isla de San Juan Bautista de Puerto Rico*. Estudio preliminar por Isabel Gutiérrez del Arroyo. Río Piedras, Editorial Universitaria de la Universidad de Puerto Rico, 1966.

_____. *Historia geográfica, civil y política de la isla de San Juan Bautista de Puerto Rico*. Antonio Valladares de Sotomayor, editor. Madrid, Imprenta de don Antonio Espinosa, 1788.

Abreu Vega, Salvador. *Apuntes para la historia de Humacao*. Santo Domingo, Editora Corripio, 1984.

Alegría, Ricardo. *Documentos históricos de Puerto Rico. Vol. III: 1528–1544*. San Juan, Centro de Estudios Avanzados de Puerto Rico y el Caribe e Instituto de Cultura Puertorriqueña, 2009.

_____. *Documentos históricos de Puerto Rico, Vol. IV: 1546–1580*. San Juan, Centro de Estudios Avanzados de Puerto Rico y el Caribe, e Instituto de Cultura Puertorriqueña, 2009.

Álvarez Nazario, Manuel. *El habla campesina del país. Orígenes y desarrollo del español en Puerto Rico*. Río Piedras, Editorial de la Univesidad de Puerto Rico, 1992.

Andújar, Carlos. *Identidad cultural y religiosidad popular*. Santo Domingo, Editorial Letra Gráfica, 2007.

Brau, Salvador. *La colonización de Puerto Rico*. San Juan, Instituto de Cultura Puertorriqueña, 2011.

Bunker Aponte, Oscar. *Historia de Caguas, Tomo I*. Barcelona, Editorial M. Pareja, 1976.

Cassá, Roberto. *Rebelión de los Capitanes: Viva el rey y muera el mal gobierno*. Santo Domingo, Archivo General de la Nación y Universidad Autónoma de Santo Domingo, 2014.

Córdova, Pedro Tomás de. *Memorias geográficas, históricas económicas y estadísticas de la Isla de Puerto Rico*. San Juan, Instituto de Cultura, 1968.

Cuesta Mendoza, Antonio. *Historia eclesiástica del Puerto Rico colonial. Volumen 1: 1508–1700*. San Juan, Publicaciones Gaviota, segunda edición restaurada digitalmente, 2012.

Díaz Frías, Nelson. "De San Miguel de Abona a Puerto Rico." *La contribución de los isleño–canarios a la familia puertorriqueña. Colección de Genealogía e Historia*, Tomo III. Luis Burset, Editor. San Juan, Sociedad Puertorriqueña de Genealogía, 2013.

Díaz Soler, Luis M.. *Historia de la esclavitud negra en Puerto Rico*. Río Piedras, Editorial de la Universidad de Puerto Rico, 1953, reimpresión 2005.

Feliberti Aldebol, Norma. "Fundación, desarrollo y ocaso de San Luis del Príncipe de Humacao. Sus familias pobladoras". Sociedad Puertorriqueña de

Genealogía. *Colección de Genealogía e Historia, Tomo I. La aportación de los canarios a la familia puertorriqueña.* San Juan, Sociedad Puertorriqueña de Genealogía, 2011.

Fernández de Oviedo, Gonzalo. "Fragmentos de la historia general y natural de las Indias. Libro 16. 1535. En Alejandro Tapia y Rivera, coordinador y anotador. *Biblioteca histórica de Puerto Rico, que contiene varios documentos de los siglos XV, XVI, XVII y XVIII.* San Juan, Imprenta de Márquez, 1854.

Fernández Méndez, Eugenio, selección, introducción y notas. *Crónicas de Puerto Rico. Desde la conquista hasta nuestros días (1493–1955).* San Juan, Publicaciones Gaviota, 2007.

Figueroa, Loida. *Breve historia de Puerto Rico, Vol. 1.* Río Piedras, Editorial Edil, 1979.

García Colón, Pablo. *Tierras privadas. Del reparto de terrenos baldíos al ordenamiento forestal en Puerto Rico: 1778–1873.* San Juan. Isla Negra Editores, 2011.

García Leduc, José Manuel. *Censos y capellanías. La Iglesia Católica como entidad financiera en Puerto Rico (siglo XIX): algunos aspectos generales.* San Juan, Editores Independientes Asociados, 2010.

García, S.J, Lautico. *La primera evangelización de América Latina.* Santo Domingo, Fundación Peña Batlle, 1993.

Gelpí Baíz, Elsa. *Siglo en blanco. Estudio de la economía azucarera en Puerto Rico, siglo XVI.* Río Piedras, Editorial de la Universidad de Puerto Rico, 2000.

Gil–Bermejo, Juana. *Panorama histórico de la agricultura en Puerto Rico.* Sevilla, Escuela de Estudios Hispano–Americanos, 1970.

Gobierno de la Capital. *Actas del Cabildo de San Juan Bautista de Puerto Rico, 1730–1750.* San Juan, Administración General de Suministros, 1949.

_____. *Actas del Cabildo de San Juan Bautista de Puerto Rico, 1761–1767.* Río Piedras, Imprenta Venezuela, 1952.

Gómez Zúñiga, Pastor. *Minería aurífera, esclavos negros y relaciones interétnicas en la Honduras del siglo XVI (1524–1570).* Tegucigalpa, Instituto Hondureño de Antropología e Historia, 2012.

González de León, Félix. *Historia de las cofradías de Sevilla.* Madrid, Ediciones Espuela de Plata, 2005.

González Vales, Luis E.. *Gabriel Gutiérrez de Riva, "El terrible".* San Juan, Centro de Estudios Avanzados de Puerto Rico y el Caribe, y Recinto Metropolitano de la Universidad Interamericana de Puerto Rico, 1990.

Huerga, Álvaro. *Episcopologio de Puerto Rico IV. De Pedro de la C. Urtiaga a Juan B. Zengotita (1706–1802.* Ponce, Universidad Católica de Puerto Rico, 1990.

_____. *Primeros historiadores de Puerto Rico (1492–1600)*. Ponce, Pontificia Universidad Católica de Puerto Rico, 2004.

Ibarra Cuesta, José. *De súbditos a ciudadanos, siglos XVII–XIX. El proceso de formación de las comunidades criollas del Caribe hispánico (Cuba, Puerto Rico y Santo Domingo).* Tomo I. Santo Domingo, Archivo General de la Nación, 2012.

Laet, Juan de. "Descripción de las Indias Occidentales. Libro Primero. Islas del Océano. Isla de San Juan de Puerto Rico". 1640. Alejandro Tapia y Rivera, coordinador y anotador. *Biblioteca histórica de Puerto Rico, que contiene varios documentos de los siglos XV, XVI, XVII y XVIII*. San Juan, Imprenta de Márquez, 1854.

López Cantos, Ángel. *Historia de Puerto Rico 1650-1700*. Sevilla, Escuela de Estudios Hispanoamericanos, 1975.

_____. *Los puertorriqueños: mentalidad y actitudes (siglo XVIII)*. San Juan, Ediciones Puerto, 2001.

Luengo Mena, Jesús. *Compendio de las cofradías de Sevilla (que procesionan a la Catedral)*. Españam Ediciones Espuela de Plata, 2007.

Martín Ojeda, Marina y Gerardo García León. "La cofradía del Santísimo Sacramento y Nuestra Señora del Rosario". En *Écija en la Edad Media y Renacimiento. Actas III Congreso de Historia*. Sevilla, Ayuntamiento de Écija, Universidad de Sevilla y Fundación El Monte, 1993.

Marvel, Thomas S. y María Luisa Moreno. *Architecture of Parish Churches in Puerto Rico*. Río Piedras, Universidad de Puerto Rico, 1994.

Montoto, Santiago. *Cofradías Sevillanas*. Sevilla, Secretariado de Publicaciones de la Universidad de Sevilla, 1999.

Moradiellos, Enrique.*Las caras de Clío. Una introducción a la historia*. Madrid, Siglo XXI Editores, 2009.

Morales Carrión, Arturo. *Puerto Rico y la lucha por la hegemonía en el Caribe. Colonialismo y contrabando, siglos XVI–XVIII*. San Juan, Centro de Investigaciones Históricas y Editorial de la Universidad de Puerto Rico, 1995.

Morales Muñoz, Generoso. *Fundación del pueblo de Gurabo*. San Juan, Talleres Gráficos de la Imprenta Venezuela, 1944.

_____. *Orígenes históricos de San Miguel de Hato Grande*. Río Piedras, Taller de la Imprenta Venezuela, 1942.

Moscoso, Francisco. *Agricultura y sociedad en Puerto Rico. Siglos 16 al 18*. San Juan, Editorial ICP, 2001.

_____. *El Egido del Concejo y el Hato del Río de las Piedras: pugna social de 1567*. San Juan, Ediciones Mágica, 2012.

_____. *Lucha agraria en Puerto Rico. 1541–1545. Un ensayo de historia*. San Juan, Ediciones Puerto, 1997.

_____. *Sociedad y economía de los Taínos*. San Juan, Editorial Edil, 2003.

_____. *Taínos de Caguas*. Caguas, Museo de Caguas, Departamento de Desarrollo Cultural, Gobierno Municipal Autónomo de Caguas, 2006.

Municipio de San Juan. *Actas del Cabildo de San Juan Bautista de Puerto Rico, 1767–1771*. Barcelona, Imprenta M. Pareja, 1965.

_____. *Actas del Cabildo de San Juan Bautista de Puerto Rico, 1774–1772*. Barcelona, Imprenta M. Pareja, 1966.

_____. *Actas del Cabildo de San Juan Bautista de Puerto Rico, 1777–1781*. Barcelona, Imprenta M. Pareja, 1966.

Navarro García, Jesús Raúl. *Puerto Rico a la sombra de la independencia continental, 1815–1840*. Sevilla–San Juan, Consejo Superior de Investigaciones Científicas y Centro de Estudios Avanzados de Puerto Rico y el Caribe, 1999.

Newson, Linda. *El costo de la Conquista*. Tegucigalpa, Editorial Guaymuras, 1986.

Picó, Fernando. *Historia general de Puerto Rico*. San Juan, Ediciones Huracán, 2000.

Rivera Bermúdez, Ramón. *Coamo, la villa añeja. Siglos XVI al XX*. Coamo, Imprenta Costa, 1980. Tercera Edición.

Rodríguez Demorizi, Emilio. *Sociedades, cofradías, escuelas, gremios y otras corporaciones dominicanas*. Santo Domingom Editora Educativa, 1975.

Rodríguez López, Miguel. *Crónicas taínas (cuatro ensayos de lucha e identidad)*. San Juan, Editorial Nuevo Mundo, 2010.

Rosario Natal, Carmelo. *Historia de Naguabo. Primera Parte. Orígenes, fundación y primeros tiempos, 1571-1825*. San Juan, Producciones Históricas, 1979.

Santiago-Otero, Horacio y Antonio García y García. *Sínodo de San Juan de Puerto Rico de 1645. Sínodos Americanos*, tomo 4. Madrid-Salamanca, Centro de Estudios del CSIC, Instituto de Historia de la Teología Española de la UPS, 1986.

Scarano, Francisco. *Puerto Rico, cinco siglos de historia*. México, McGraw Hill, 2000.

Silié, Rubén. *Economía, esclavitud y población. Ensayo de interpretación histórica del Santo Domingo español en el siglo XVIII*. Santo Domingo, Academia Dominicana de la Historia, 2009.

Sin autor. *A Description of the Spanish Islands and Settlements on the Coast of the West Indies. Compiled from Authentic Memoirs, revised by Gentlemen, who resided many Years in the Spanish Settlements, and Illustrated with Thirty-two Maps and Plans, Chiefly from Original Drawings Taken from the Spaniards in the Last War, and Engraved by the Late Thomas Jefferys*. Segunda Edición. Londres, Faden and Jefferys,

Geographer to the King, the Corner of St. Martin´s Lane, Charing Crofs, 1774.

Sin autor. *Colección de los Derechos y Órdenes Generales Expedidos por las Cortes Extraordinarias, que comprende desde 22 de septiembre de 1821 hasta 14 de febrero de 1822. Impresa de Orden de las Mismas. Tomo VIII.* Madrid, Imprenta Nacional, 1822.

Sin autor. *Itinerario topográfico y de longitud desde la Capital de Puerto Rico hasta el pueblo de Ponce, con los croquis de los lugares más notables, formado sobre la marcha por el coronel don Rafael de Sevilla y el capitán de Artillería graduado de comandante don Juan Ojeda, ambos comisionados al efecto por orden del Excelentísimo Señor Conde de Mirasol, capitán general de esta isla. En el mes de mayo de 1845* (sin fecha ni lugar de publicación).

Sin autor. Parroquia del Dulce Nombre de Jesús de Caguas, Padres Redentoristas. *Mosaico cagüeño.* Caguas, Cooperativa de Artes Gráficas Romualdo Real, 1965.

Sociedad Puertorriqueña de Genealogía. *Colección de Genealogía e Historia. Tomo I: La aportación de los isleño–canarios.* Luis Rafael Burset, editor. San Juan, Sociedad Puertorriqueña de Genealogía, 2010.

_____. *Colección de Genealogía e Historia. Tomo III: La aportación de las naciones africanas a la familia puertorriqueña.* Elsa Gelpí Baíz, editora. San Juan, Sociedad Puertorriqueña de Genealogía, 2012.

Sued Badillo, Jalil. *El Dorado borincano. La economía de la conquista. 1510-1550.* San Juan, Ediciones Puerto, 2001.

_____ y Ángel López Cantos. *Puerto Rico Negro.* San Juan, Editorial Cultural, 2007.

Tanodi, Aurelio, transcipción y compilación. *Documentos de la Real Hacienda de Puerto Rico. Vol. I.* Río Piedras, Centro de Investigaciones Históricas de la Universidad de Puerto Rico, 1971.

_____, compilador. *Documentos de la Real Hacienda de Puerto Rico. Vol. II, 1510–1545.* Río Piedras, Centro de Investigaciones Históricas de la Universidad de Puerto Rico, 2009.

Torrech San Inocencio, Rafael A. *Los barrios de Puerto Rico. Historia y toponimia.* San Juan, Fundación Puertorriqueña de las Humanidades y Colección Dr. Arturo Morales Carrión, 1998.

Torres Grillo, Herminio. *Historia de la ciudad de Caguas (La invicta del Turabo).* Barcelona, Ediciones Rumbo, 1965.

Viña, Andrés. *Andrés Viña, secretario cesante de su Real Junta de Comercio y Fomento. Estudios sobre la Isla de Puerto Rico; su situación, agricultura, comercio y estado actual de los principales ramos de la riqueza pública; conveniencia del establecimiento de un puerto franco; objeciones y reforma de los aranceles de aduanas; contribuciones territorial y mercantil.* Madrid, Imprenta de don Antonio Pérez Dubrull, 1856.

Widmer S, Rudolf. *La propiedad en entredicho. Una historia documental de Higüey, siglos XVII-XIX*. Santo Domingo, Editora Manatí, 2004.

Fuentes impresas/periódicos

El Español. Núm. 915 (18 jun 1847). "Real Decreto".

El Católico. Madrid, Núm. 3510 (20 ago 1850). "Reseña de la visita pastoral del obispo de Puerto Rico en su diócesis".

El Clamor Público. Periódico del Partido Liberal. Edición de Madrid. Núm. 3695 (8 ago 1856). "Correo de las Provincias".

El Criterio de Humacao. Año 10, Núm. 46 (2 dic 1893).

Fuentes impresas/revistas

Alegría, Ricardo E. "¡Dios me lleve al Perú!" *La Revista del Centro de Estudios Avanzados de Puerto Rico y el Caribe*. Núm. 15 (julio – diciembre 1992): 42–46.

_____. "El ataque de los indios caribes al Daguao (1530). La captura y muerte de Cristóbal de Guzmán y la expedición punitiva contra la isla Dominica (1534)". *La Revista del Centro de Estudios Avanzados de Puerto Rico y el Caribe*. Núm. 5 (julio–diciembre 1987): 24–31.

_____. "Apuntes sobre la 'experiencia' que se hizo en la Hacienda del Rey en la ribera del Toa para determiner si los indios Taínos de Puerto Rico podrían vivir libremente". *La Revista del Centro de Estudios Avanzados de Puerto Rico y el Caribe*. Núm. 10 (enero–junio 1990): 114–132.

Álvarez Nazario, Manuel. "El relato de Alonso Enríquez de Guzmán, el 'Caballero Desbaratado', sobre su visita a Puerto Rico en 1534". *Revista del Instituto de Cultura Puertorriqueña*. Núm. 6 (enero–marzo 1960): 11–14.

Campos y Fernández de Sevilla, OSA, F. Javier. "La devoción a la Inmaculada Concepción en las 'Relaciones Topográficas'". *La Inmaculada Concepción en España: religiosidad, historia y arte: actas del simposium*. Francisco Javier Campos y Fernández de Sevilla, coordinador. Vol. 1 (2005): 7–28

Castro Pérez, Candelaria, Mercedes Clavo Cruz y Sonia Granado Suárez. "Las cofradías en la institución parroquial, siglos XVII–XVIII. Una aplicación al señorío episcopal de Agüimes, Canarias (España)". *Procesos históricos*. Primer semestre, Año/Vol. VII, Núm. 013 (2008): 2–37.

Gil–Bermejo, Juana. "La primera fundación de Humacao". *Revista del Instituto de Cultura Puertorriqueña*. Núm. 22 (enero–marzo 1964): 37–40.

López Cantos, Ángel. "Unas certificaciones de las actas del Cabildo de San Juan de Puerto Rico, 1724-1730". *La Revista. Centro de Estudios Avanzados de Puerto Rico y el Caribe*. Núm. 10, (enero a junio 1990): 41–53.

Morales Muñoz, Generoso, transcripción. "Fundación de pueblos en la ribera del Humacao y en el Hatillo de los Juncos, 1764-1696". *Boletín de Historia Puertorriqueña*. Vol. 1, Núm. 7 (1949), 194–208.

_____. "Primera visita pastoral del Obispo Pizarro al pueblo de iglesia de la ribera del Arecibo, 1729". *Boletín de Historia Puertorriqueña*. Vol. I, Núm. 7 (junio 1949): 212–217.

Padilla Escabí, Salvador. "El poblamiento de Puerto Rico en el siglo XVIII". *Anales, Revista de Ciencias Sociales e Historia de la Universidad Interamericana*, Vol 1, núm. 1-2 (1985): 95–132.

Pedregal, Luis J.. "Cofradías del Dulce Nombre de Jesús". En *Archivo Hispalense. Revista Histórica, Literaria y Artística*, 2ª. Época, número 95 (1959): 255–260.

Porcacchi, Tomaso. "Puerto Rico visto por los extranjeros: Descripción de la isla de San Juan, apelada Borichen, 1576". *La Revista del Centro de Estudios Avanzados de Puerto Rico y el Caribe*. Núm. 11 (julio – diciembre 1990): 49–51.

Rico Moreno, Javier. "La historiografía como crítica. Apuntes para una teoría de la historiografía." *Historia y Sociedad*. Año XIII (2001-2002).

Stark, David. "The Family Tree is not Cut: Marriage Among Slaves in Eighteenth Century Puerto Rico". *New West Indian Guide/Nieuwe West-Indische Gids*, 76, Núm. 1/2 (2002), 23-46.

Tesis

Burset Flores, Luis Rafael. *El Hato Grande de los Delgado: rectificación del mito de origen de Caguas, 1625-1819*. Tesis MA 310, Centro de Estudios Avanzados de Puerto Rico y el Caribe, 2012.

Vázquez Báez, Pedro. *Yabucoa bajo la dominación española desde su fundación hasta el cambio de soberanía (1793-1898)*. Tesis MA 115, Centro de Estudios Avanzados de Puerto Rico y del Caribe, 1993.

Fuentes digitales

"Cofradías". *Web oficial del Ayuntamiento de Becerril de Campos*. www.becerrildecampos.es Capturado el 8 de febrero de 2011.

Campos Garrido, Javier. Breves apuntes sobre la religiosidad en Esparragosa de la Serena a lo largo de su historia. I. Ermitas. http://www.scribd.com/doc/43156396/Breves-Apuntes-Sobre-La-Religiosidad-en-Esparragosa-de-La-Serena-a-Lo-Largo-de-Su-Historia-I?query=fundacion. Capturado el 9 de marzo de 2012.

Pacheco, Martha, Ponssy Alexis y Kelvin Mejía. *Los Alcaldes de la Santa Hermandad en Santo Domingo Colonial, siglos XVI-XIX*.

http://www.historiadominicana.com.do/historia/colonial/357-los-alcaldes-de-la-santa-hermandad-en-santo-domingo-colonial-siglo-xvi-xix.html. Capturado el 1 de abril de 2012.

Oficina Estatal de Conservación Histórica. Oficina del Gobernador. *Sitios arqueológicos de Caguas*. http://www2.pr.gov/oech/oech/Documents/ActualizacionDatosMunicipales/Municipios/Informaci%C3%B3n%20Arqueol%C3%B3gica%20del%20Municipio%20de%20Caguas.pdf. Capturado el 30 de junio de 2015.

Portal del Municipio de Becerril de Campos, Palencia. Capturado el 5 de abril de 2012.

Saludospr. http://www.saludospr.com/aut/torrech/nombres.html. Capturado el 16 de mayo de 2015.

Scarano, Francisco A. y Katherin J. Curtis White. "Population Growth and Agrarian change in the Spanish Caribbean: Evidence from Puerto Rico´s Padrones, 1765-1815". *Latin American Research Review*. Año 46, Nú.m. 2 (2011). Consultado en *Princeton University*. http://paa2005.princeton.edu/papers/51217. Capturado el 11 de junio de 2015.

Esta primera edición de

**La región centroriental:
una aproximación a
su historia colonial**

se imprimió en diciembre de 2016

www.ingramcontent.com/pod-product-compliance
Lightning Source LLC
LaVergne TN
LVHW011424080426
835512LV00005B/255